1 講《こう》師《し》を招《まね》く。

師 シ

招 ショウ まねく

教《きょう》□《し》が手《て》□《まね》きする。

漁《りょう》□《し》を□《しょう》待《たい》する。

医《い》□《し》に□《しょう》待状《たいじょう》を出《だ》す。

□《まね》きねこをかざる。

教会《きょうかい》の牧《ぼく》□《し》。

講《こう》□《し》を□《まね》く。

月　　日

点／10点

2 父《ちち》は貿《ぼう》易《えき》商《しょう》を営《いとな》む。

貿 ボウ

易 エキ　イ　やさしい

□《ぼう》易《えき》に関《かん》する□《やさ》しい問題《もんだい》。

□《ぼう》易《えき》に関《かん》する平《へい》□《い》な文章《ぶんしょう》。

□《ぼう》易《えき》の仕事《しごと》も容《よう》□《い》ではない。

安《あん》□《い》な判断《はんだん》が敗因《はいいん》だった。

国際的交《こくさいてきこう》□《えき》は昔《むかし》からある。

父《ちち》は□《ぼう》□《えき》商《しょう》を営《いとな》む。

月　　日

点／10点

おうちの方へ　5年生では、「貿易」など社会科で学習する事がらの言葉も出しています。読み書きだけでなく、意味も調べるといいですよ。

3 制《せい》限《げん》速《そく》度《ど》を守《まも》る。

制　セイ
限　ゲン　かぎる

二日《ふつか》□《かぎ》りの□《せい》服大安売《ふくおおやすう》り。

今年《ことし》□《かぎ》りの減税《げんぜい》□《せい》度《ど》。

夜間《やかん》□《げん》定《てい》で交通規《こうつうき》□《せい》。

先《せん》□《せい》点《てん》で勢《いきお》いづく日本《にほん》チーム。

宿題《しゅくだい》の提出期《ていしゅつき》□《げん》はいつですか。

□《せい》□《げん》速度《そくど》を守《まも》る。

月　　日

点／10点

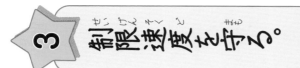

4 自分《じぶん》の義《ぎ》務《む》を果《は》たす。

義 ギ
務 ム つとめる

小中学校《しょうちゅうがっこう》は□《ぎ》□《む》教育《きょういく》。

民主主《みんしゅしゅ》□《ぎ》について講《こう》□《ぎ》する教授《きょうじゅ》。

事《じ》□《む》所《しょ》で業《ぎょう》□《む》を再開《さいかい》した。

卒業式《そつぎょうしき》の司会《しかい》を□《つと》める。

ぼくに主役《しゅやく》が□《つと》まるかな。

自分《じぶん》の□《ぎ》□《む》を果《は》たす。

月　日

点／10点

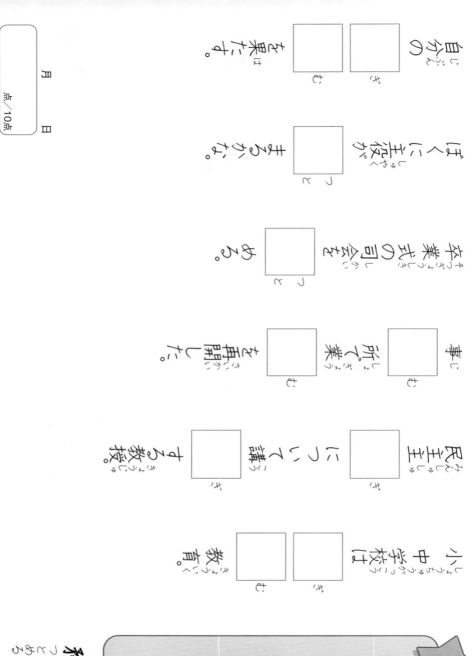

5 銅《どう》で造《つく》られた仏《ぶつ》像《ぞう》。

銅《ドウ》 像《ゾウ》

上野駅前《うえのえきまえ》に□《どう》□《ぞう》がある。

自画《じが》□《ぞう》が展覧会《てんらんかい》で□《どう》賞《しょう》だった。

□《どう》メダル受賞《じゅしょう》の自分《じぶん》を想《そう》□《ぞう》する。

昔《むかし》の青《せい》□《どう》器《き》が発見《はっけん》された。

画《が》□《ぞう》をパソコンで送《おく》る。

□《どう》で造《つく》られた仏《ぶつ》□《ぞう》。

月　日

点／10点

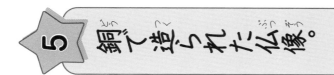

6 略《りゃく》図《ず》で効率的《こうりつてき》に説明《せつめい》。

特《とっ》□《こう》薬《やく》の説明《せつめい》を省《しょう》□《りゃく》する。

有《ゆう》□《こう》な戦《せん》□《りゃく》を練《ね》り上《あ》げる。

□《りゃく》式命令《しきめいれい》も有《ゆう》□《こう》です。

残雪《ざんせつ》は計《けい》□《りゃく》を見破《みやぶ》った。

その薬《くすり》はよく□《き》くよ。

□《りゃく》図《ず》で□《こう》率的《りってき》に説明《せつめい》。

わからないときは、右下の漢字を見て確認《かくにん》しよう。

略 リャク

効 コウ きく

月　　日

点／10点

7 綿《めん》織《おり》物《もの》で富《とみ》を築《きず》いた。

綿 メン　わた

織 シキ　おる

□《めん》から布《ぬの》を□《お》る過程《かてい》。

□《めん》糸《し》を□《お》り、綿《めん》布《ぶ》にする。

□《めん》花《か》の組《そ》□《しき》をけんび鏡《きょう》で見《み》る。

混合《こんごう》チームを組《そ》□《しき》した。

お祭《まつ》りで□《わた》あめを買《か》う。

□《めん》□《おり》物《もの》で富《とみ》を築《きず》いた。

月　日

点／10点

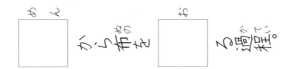

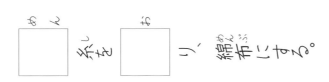

8 台風《たいふう》で家《いえ》が破《は》損《そん》した。

破　ハ　やぶる

損　ソン

多額《たがく》の□《そん》失《しっ》を出《だ》し□《は》産《さん》した。

□《そん》をしても悪習《あくしゅう》を打《だ》□《は》する。

型《かた》□《やぶ》りの走法《そうほう》で、十《じっ》キロ走《そう》□《は》。

大雨《おおあめ》で農作物《のうさくぶつ》に□《そん》害《がい》が出《で》た。

□《そん》得《とく》ぬきで仕事《しごと》をする。

台風《たいふう》で家《いえ》が□《は》□《そん》した。

月　　日

点／10点

9 清潔《せいけつ》で衛生《えいせい》に良《よ》い。

潔《ケツ》 衛《エイ》

高《こう》□《けつ》な人《ひと》からの自《じ》□《えい》官《かん》。

放送《ほうそう》□《えい》星《せい》を護《ご》□《えい》する。

不《ふ》□《けつ》な食堂《しょくどう》は不《ふ》□《えい》生《せい》。

□《えい》生的《せいてき》な給食室《きゅうしょくしつ》。

父《ちち》の□《けつ》白《ぱく》を証明《しょうめい》する。

清《せい》□《けつ》で□《えい》生《せい》に良《よ》い。

月　　日

点／10点

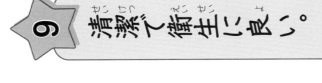

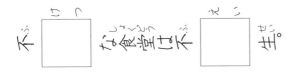

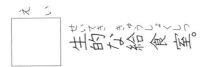

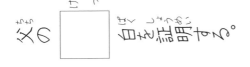

10 いい成績《せいせき》で興奮《こうふん》した。

績 セキ

興 コウ キョウ

正月《しょうがつ》□《こう》行《ぎょう》で実《じっ》□《せき》を積《つ》む。

復《ふっ》□《こう》に功《こう》□《せき》のあった人《ひと》。

□《きょう》味《み》がある英語《えいご》で好成《こうせい》□《せき》。

多《おお》くの業《ぎょう》□《せき》を上《あ》げる。

余《よ》□《きょう》に手品《てじな》をする。

いい成《せい》□《せき》で□《こう》奮《ふん》した。

月　日

点／10点

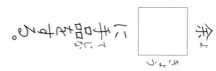

11 輸《ゆ》送《そう》道《どう》路《ろ》を整《せい》備《び》する。

輸 ユ

備 ビ そなえる

□《び》品《ひん》を空《くう》□《ゆ》する。

□《ゆ》入《にゅう》した器《き》具《ぐ》を□《そな》える。

□《ゆ》血《けつ》の準《じゅん》□《び》をする。

□《ゆ》出《しゅつ》入《にゅう》の額《がく》を調《しら》べる。

大型《おおがた》の台風《たいふう》に□《そな》える。

□《ゆ》送《そう》道《どう》路《ろ》を整《せい》□《び》する。

月　　日

点／10点

おうちの方へ

「輸出入」「態勢」「編成」「永久」「経営」「複雑」など目で見ることができない事物を表す言葉が多く出てきます。

12 健康状態《けんこうじょうたい》は良《よ》い。

状 ジョウ

態 タイ

病《びょう》□《じょう》悪化時《あっかじ》の□《たい》勢《せい》を確認《かくにん》。

案内《あんない》□《じょう》配布《はいふ》の実《じっ》□《たい》を調査《ちょうさ》。

白《はく》□《じょう》する時《とき》の□《たい》度《ど》が悪《わる》い。

最悪《さいあく》の事《じ》□《たい》を招《まね》かない。

先生《せんせい》に年賀《ねんが》□《じょう》を出《だ》す。

健康《けんこう》□《じょう》□《たい》は良《よ》い。

月　　日

点／10点

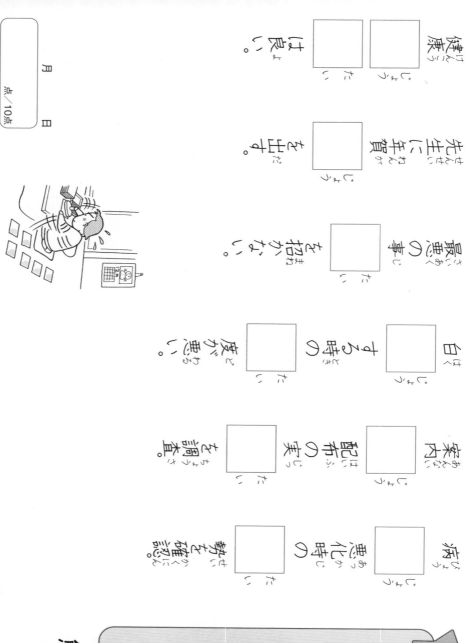

13 婦《ふ》人《じん》雑《ざっ》誌《し》を編《へん》集《しゅう》する。

婦　フ

編　ヘン　あむ

産《さん》□《ふ》人《じん》科《か》で□《あ》み物《もの》をする母《はは》。

長《ちょう》□《へん》小《しょう》説《せつ》を読《よ》む主《しゅ》□《ふ》。

新《しん》ろう新《しん》□《ぷ》とも□《へん》曲《きょく》者《しゃ》。

五人《ごにん》□《へん》成《せい》の最強《さいきょう》チーム。

短《たん》□《ぺん》集《しゅう》をたくさん読《よ》む。

□《ふ》人雑誌《じんざっし》を□《へん》集《しゅう》する。

書き順にも注意して、ていねいに書こう！

月　日

点／10点

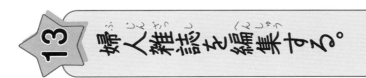

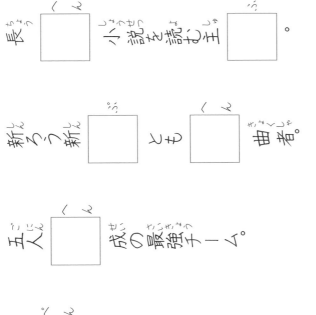

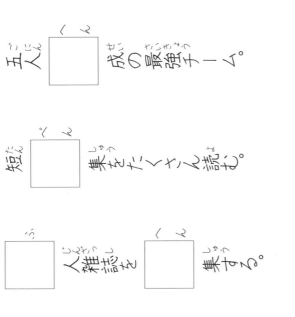

14 灯《と》油《ゆ》は燃《も》える液《えき》体《たい》。

燃《ネン もえる もやす》　液《エキ》

木片《もくへん》の□《ねん》焼実験《しょうじっけん》で□《えき》が出《で》る。

□《えき》体《たい》□《ねん》料《りょう》で飛《と》ぶロケット。

□《えき》化《か》ガスを□《ねん》料《りょう》に発電《はつでん》。

落《お》ち葉《ば》を□《も》やす。

気《き》持《も》ちが□《も》え上《あ》がる。

灯《と》油《ゆ》は□《も》える□《えき》体《たい》。

月　　日

点／10点

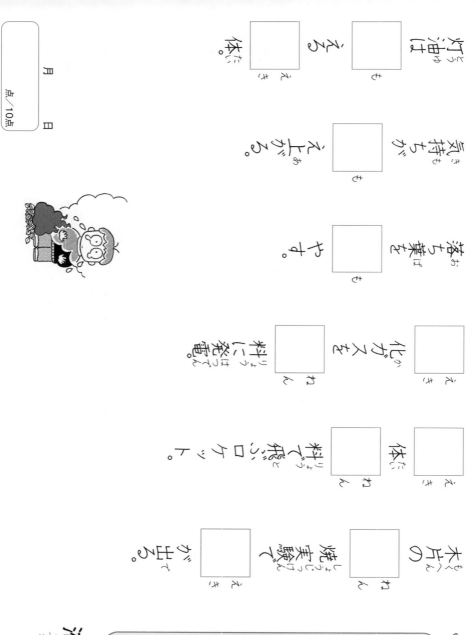

15 低《てい》気《き》圧《あつ》が通《つう》過《か》した。

圧 アツ

過 カ すぎる すごす

□《か》労《ろう》で血《けつ》□《あつ》が上《あ》がる。

□《あつ》力《りょく》をかけ□《す》ぎた。

重《じゅう》□《あつ》をさけて家《いえ》で□《す》ごす。

食《た》べ□《す》ぎは健康《けんこう》に悪《わる》い。

□《か》去《こ》より未来《みらい》が重要《じゅうよう》。

低気《ていき》□《あつ》が通《つう》□《か》した。

月　日

点／10点

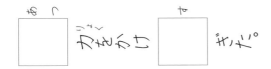

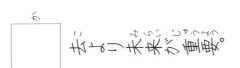

16 仮《かり》の校舎《こうしゃ》に移《うつ》った。

仮 カ かり

移 イ うつる

□《か》設住宅《せつじゅうたく》から□《い》住《じゅう》した。

□《か》設《せつ》の橋《はし》を□《い》動《どう》させる。

□《か》面《めん》を外《はず》して席《せき》を□《うつ》る。

今《いま》のぼくは□《かり》の姿《すがた》だ。

松《まつ》の木《き》を□《い》植《しょく》した。

□《かり》の校舎《こうしゃ》に□《うつ》った。

月　　日

点／10点

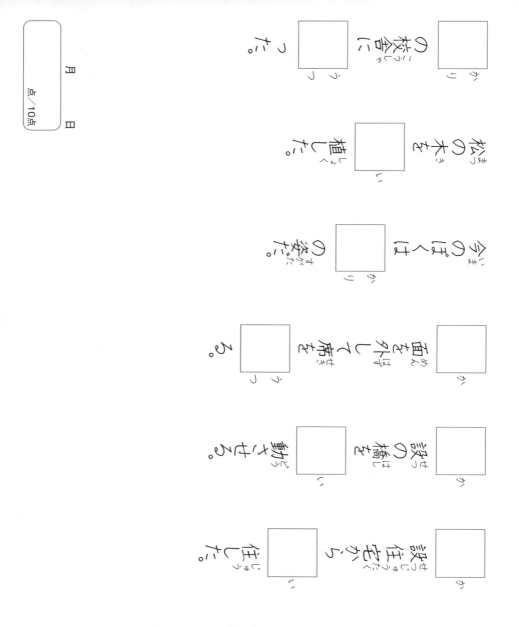

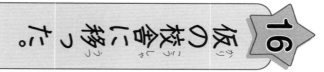

17 永久《えいきゅう》の平和《へいわ》を願《ねが》う。

永 エイ ながい
久 キュウ ひさしい

□《えい》住《じゅう》のため、□《ひさ》しぶりの帰国《きこく》。

□《えい》□《きゅう》に変《か》わらぬ父母《ふぼ》の愛《あい》。

□《ひさ》しぶりに持《じ》□《きゅう》走《そう》をした。

スイスは□《えい》世中立国《せいちゅうりつこく》だ。

祖父《そふ》は□《なが》いねむりについた。

□《えい》□《きゅう》の平和《へいわ》を願《ねが》う。

月　　日

点／10点

18 商店《しょうてん》の経営《けいえい》は順調《じゅんちょう》。

経 ケイ へる
営 エイ いとなむ

市《し》□《えい》バスの□《けい》費《ひ》がかさむ。

□《えい》業《ぎょう》の□《けい》験《けん》が長《なが》い社員《しゃいん》。

会社運《かいしゃうん》□《えい》に神《しん》□《けい》を使《つか》う。

父《ふ》母《ぼ》は農業《のうぎょう》を□《いとな》んでいる。

開店《かいてん》から十年《じゅうねん》を□《へ》た。

商店《しょうてん》の□《けい》□《えい》は順調《じゅんちょう》。

月　　日
点／10点

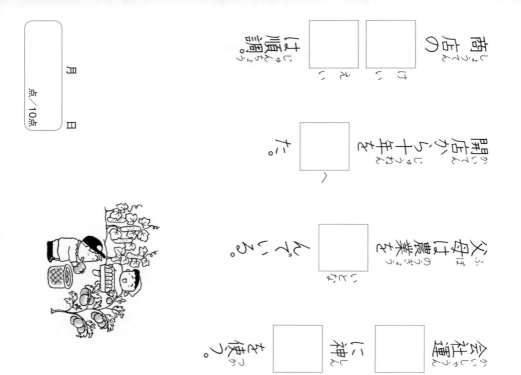

19 学校《がっこう》まで往復《おうふく》一時間《いちじかん》。

往《オウ》 復《フク》

□《おう》路《ろ》も□《ふく》路《ろ》も走《はし》って行《い》く。

□《おう》年《ねん》のスターが□《ふっ》活《かつ》した。

出口《でぐち》がわからず右《う》□《おう》左《さ》□《おう》する。

車《くるま》の□《おう》来《らい》が激《はげ》しい。

□《ふく》習《しゅう》は毎日《まいにち》する。

学校《がっこう》まで□《おう》□《ふく》一時間《いちじかん》。

月　　日

点／10点

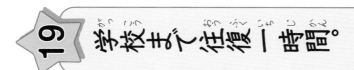

20 複雑《ふくざつ》な問題《もんだい》を解《と》く。

複　フク

雑　ザツ　ゾウ

□《ふく》写機《しゃき》のそばで□《ざつ》談《だん》する。

□《ふく》写《しゃ》は□《ざつ》用《よう》ではない。

□《ふく》数《すう》の場所《ばしょ》の□《ざっ》草《そう》をぬく。

朝《あさ》の電車《でんしゃ》は混《こん》□《ざつ》が激《はげ》しい。

□《ぞう》木林《きばやし》で小鳥《ことり》の観察《かんさつ》。

□《ふく》□《ざつ》な問題《もんだい》を解《と》く。

月　　日

点／10点

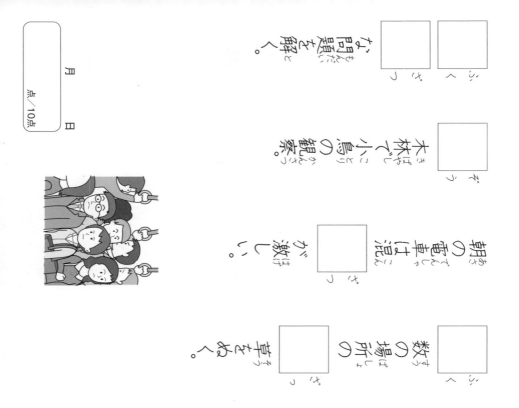

21 許《きょ》可《か》を得《え》てから帰《かえ》る。

許 キョ　ゆるす

可 カ

薬《くすり》の□《きょ》容量《ようりょう》以上《いじょう》の服用《ふくよう》は不《ふ》□《か》。

□《か》能性《のうせい》を信《しん》じ、今回《こんかい》の失敗《しっぱい》を□《ゆる》す。

不《ふ》□《か》能《のう》を□《か》能《のう》にする努力《どりょく》。

議会《ぎかい》で原案《げんあん》が□《か》決《けつ》された。

心《こころ》を□《ゆる》し合《あ》える友《とも》と出会《であ》う。

□《きょ》□《か》を得《え》てから帰《かえ》る。

月　　日

点／10点

おうちの方へ

どれか意味がわかる漢字をたよりに、他の熟語の意味を考えていきましょう。国語辞典にも漢字の意味がのっていますよ。

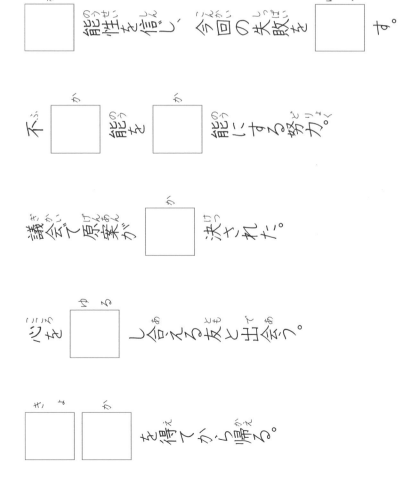

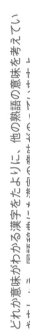

22 益《えき》鳥《ちょう》減《げん》少《しょう》の原《げん》因《いん》不《ふ》明《めい》。

益《エキ》
因《イン》

利《り》□《えき》減《げん》少《しょう》の原《げん》□《いん》を調《ちょう》査《さ》する。

客《きゃく》足《あし》増《ぞう》加《か》が利《り》□《えき》増《ぞう》の原《げん》□《いん》か。

利《り》□《えき》追《つい》求《きゅう》が原《げん》□《いん》で客《きゃく》が去《さ》る。

試《し》合《あい》の敗《はい》□《いん》は明《あき》らかだ。

事《じ》件《けん》の□《いん》果《が》関《かん》係《けい》を調《しら》べる。

□《えき》鳥《ちょう》減《げん》少《しょう》の原《げん》□《いん》不《ふ》明《めい》。

月　日

点／10点

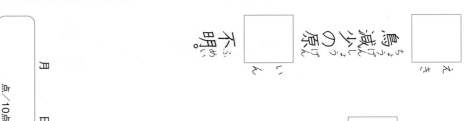

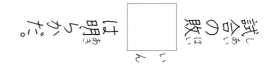

23 価《か》格《かく》を安定《あんてい》させる。

価《カ》 格《カク》

資《し》□《かく》を得《え》て評《ひょう》□《か》された。

□《かっ》好《こう》のいい高《こう》□《か》な服《ふく》を買《か》う。

物《ぶっ》□《か》に関《かん》する試験《しけん》に合《ごう》□《かく》した。

明《あか》るい性《せい》□《かく》の人《ひと》。

定《てい》□《か》の三割引《さんわりび》きで売《う》る。

□《か》□《かく》を安定《あんてい》させる。

月　日

点／10点

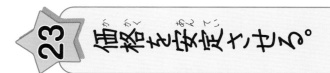

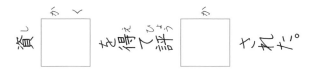

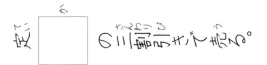

24 修《しゅう》練《れん》を積《つ》んだ名《めい》演《えん》技《ぎ》。

演《エン》 技《ギ》

県《けん》営《えい》競《きょう》□《ぎ》場《じょう》で公《こう》□《えん》する。

□《えん》劇《げき》の□《ぎ》術《じゅつ》指《し》導《どう》をする。

□《えん》説《ぜつ》を特《とく》□《ぎ》とする政《せい》治《じ》家《か》。

私《わたし》は球《きゅう》□《ぎ》が好《す》きです。

初《はじ》めての主《しゅ》□《えん》で喜《よろこ》ぶ俳《はい》優《ゆう》。

修《しゅう》練《れん》を積《つ》んだ名《めい》□《えん》□《ぎ》。

月　　日

点／10点

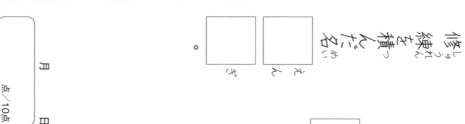

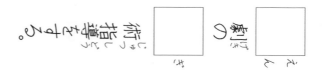

25 質問《しつもん》に応答《おうとう》する。

質　シツ

応　オウ　こたえる

＊反応《はんのう》

品《ひん》□《しつ》に□《おう》じた使《つか》い方《かた》。

□《おう》用《よう》がきかない材《ざい》□《しつ》だ。

□《しつ》が悪《わる》く反《はん》□《のう》がおそい。

病人《びょうにん》には暑《あつ》さが□《こた》える。

食塩《しょくえん》は水《みず》にとけやすい性《せい》□《しつ》。

□《しつ》問《もん》に□《おう》答《とう》する。

月　日

点／10点

26 桜《さくら》の幹《みき》に寄《よ》りかかる。

桜 さくら

幹 カン　みき

太《ふと》い□《さくら》の□《みき》に鳥《とり》が留《と》まる。

新《しん》□《かん》線《せん》から満開《まんかい》の□《さくら》が見《み》えた。

□《さくら》の花見《はなみ》の□《かん》事《じ》になった。

□《かん》線道路沿線《せんどうろえんせん》は葉桜《はざくら》になった。

□《さくら》前線《ぜんせん》を見《み》て、開花予想《かいかよそう》をする。

□《さくら》の□《みき》に寄《よ》りかかる。

月　　日

点／10点

27 傷《きず》ついた象《ぞう》を救《すく》い出《だ》す。

象 ショウ ゾウ

救 キュウ すくう

子《こ》ども対象《たいしょう》の□《きゅう》出訓練《しゅつくんれん》。

□《きゅう》急車《きゅうしゃ》の印象的《いんしょうてき》な音《おと》がする。

□《きゅう》急隊《きゅうたい》が人命《じんめい》□《きゅう》助《じょ》をする。

気《き》□《しょう》の変化《へんか》を予想《よそう》する。

不思議《ふしぎ》な現《げん》□《しょう》が起《お》こる。

傷《きず》ついた□《ぞう》を□《すく》い出《だ》す。

月　　日

点／8点

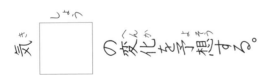

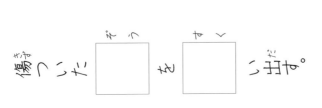

28 河《か》口《こう》で貝《かい》を採《と》る。

河 カ かわ
採 サイ とる

運《うん》□《が》で魚《さかな》を□□《さい》集《しゅう》した。

氷《ひょう》□《が》の万年雪《まんねんゆき》を□《さい》取《しゅ》した。

大《たい》□《が》のよごれた水《みず》を□《と》った。

日曜日《にちようび》に山菜《さんさい》を□《と》りに行《い》く。

大《おお》きな□《かわ》を船《ふね》でわたる。

□《か》口《こう》で貝《かい》を□《と》る。

月　　日
点／10点

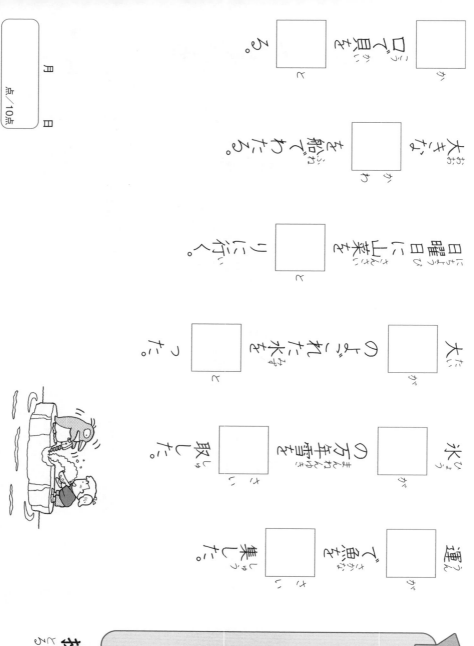

29 鉄《てつ》道《どう》事《じ》故《こ》の復《ふっ》旧《きゅう》作《さ》業《ぎょう》。

旧《キュウ》 故《コ》

□《きゅう》友《ゆう》が交《こう》通《つう》事《じ》□《こ》にあう。

□《きゅう》式《しき》の機《き》械《かい》が□《こ》障《しょう》する。

□《こ》国《こく》にある□《きゅう》家《か》。

□《こ》人《じん》をしのぶ。

新《しん》□《きゅう》の役員《やくいん》が集《あつ》まる。

鉄《てつ》道《どう》事《じ》□《こ》の復《ふっ》□《きゅう》作《さ》業《ぎょう》。

月　日

点／10点

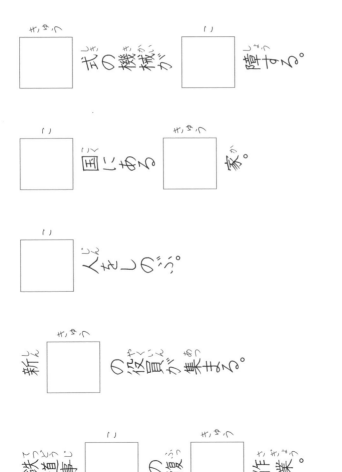

30 明《めい》確《かく》な判《はん》断《だん》をする。

判 ハン バン
断 ダン ことわる

□《はん》定《てい》が問題《もんだい》で、試合《しあい》が中《ちゅう》□《だん》。

評《ひょう》□《ばん》の良《よ》い大《おお》□《ばん》ノート。

□《だん》固《こ》として参加《さんか》を□《ことわ》る。

事件《じけん》の真相《しんそう》が□《はん》明《めい》した。

悪《わる》い行動《こうどう》のさそいを□《ことわ》る。

明確《めいかく》な□《はん》□《だん》をする。

月　　日

点／10点

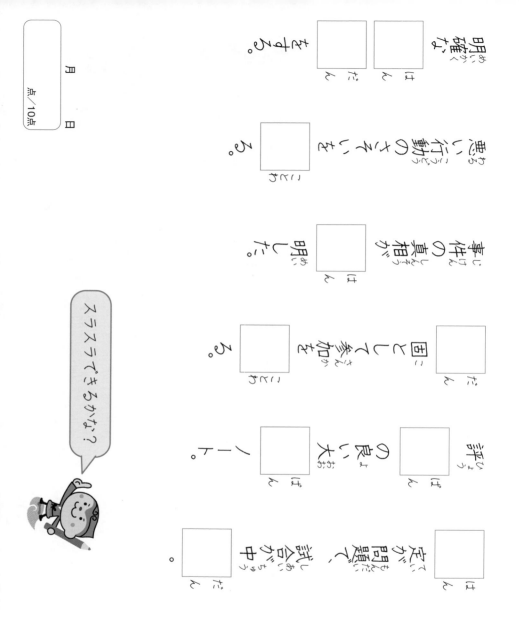

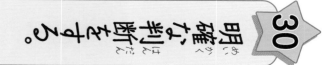

31 順序《じゅんじょ》よく問題《もんだい》を解《と》く。

序　ジョ

解　カイ　とく　とける

□《じょ》文《ぶん》のなぞが□《と》ける。

□《じょ》説《せつ》はよく理《り》□《かい》できた。

ひもを順《じゅん》□《じょ》よく□《と》いた。

順《じゅん》□《じょ》よく整列《せいれつ》する。

事件《じけん》は□《かい》決《けつ》した。

順《じゅん》□《じょ》よく問題《もんだい》を□《と》く。

月　　日

点／10点

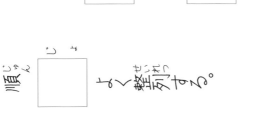

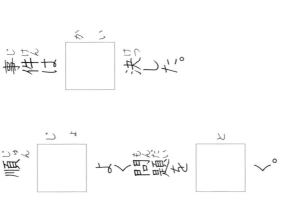

32 確《たし》かな情《じょう》報《ほう》です。

確 カク たしか たしかめる
報 ホウ

その速《そく》□《ほう》は□《たし》かな話《はなし》ですか。

その□《ほう》道《どう》は正《ただ》しいと□《かく》信《しん》した。

天気予《てんきよ》□《ほう》だと□《かく》実《じつ》に雨《あめ》だ。

学芸会《がくげいかい》の日時《にちじ》を□《たし》かめる。

先生《せんせい》にきちんと□《ほう》告《こく》した。

□《たし》かな情《じょう》□《ほう》です。

月　　日

点／10点

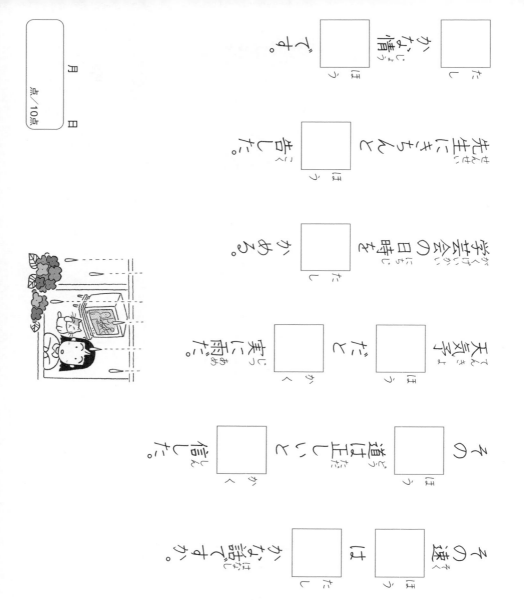

33 半額《はんがく》なら買《か》うと主張《しゅちょう》。

額 ガク ひたい
張 チョウ はる

金《きん》□《がく》が□《は》る物《もの》を買《か》った。

出《しゅっ》□《ちょう》で多《た》□《がく》を消費《しょうひ》した。

緊《きん》□《ちょう》して□《ひたい》にあせをかく。

運動場《うんどうじょう》にテントを□《は》る。

ねこの□《ひたい》ほどの土地《とち》。

半《はん》□《がく》なら買《か》うと主《しゅ》□《ちょう》。

月　日

点／10点

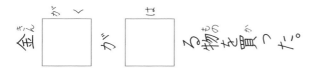

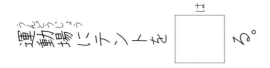

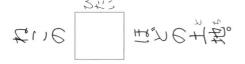

34 読《よ》み慣《な》れた月刊誌《げっかんし》。

慣 カン なれる
刊 カン

朝《ちょう》□《かん》の小《ちい》さい字《じ》に□《な》れた。

新《しん》□《かん》の□《かん》用句辞典《ようくじてん》がある。

夕《ゆう》□《かん》を読《よ》むのは習《しゅう》□《かん》だ。

住《す》み□《な》れた家《いえ》から転居《てんきょ》。

週《しゅう》□《かん》誌《し》が月曜《げつよう》に発売《はつばい》。

読《よ》み□《な》れた月《げっ》□《かん》誌《し》。

同じ読みをする漢字の学習です。
問題文を注意して読もう。

月　　日

点／10点

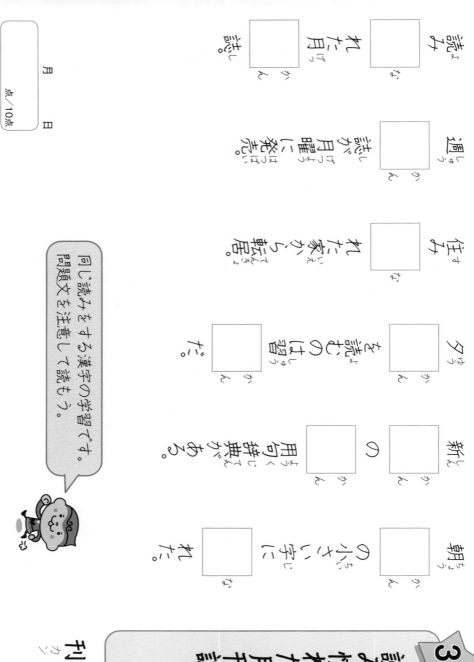

35 眼《がん》科《か》医《い》が視《し》力《りょく》検《けん》査《さ》。

眼 ガン
＊眼鏡《めがね》

検 ケン

近《きん》□《がん》になり□《めがね》鏡をかける。

□《けん》定《てい》試《し》験《けん》を主《しゅ》□《がん》にした勉《べん》強《きょう》会《かい》。

肉《にく》□《がん》でよく見《み》て点《てん》□《けん》。

□《がん》帯《たい》をしたので、見《み》えにくい。

知《し》りたいことをネットで□《けん》さく。

□《がん》科《か》医《い》が視《し》力《りょく》□《けん》査《さ》。

月　　日

点／10点

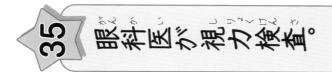

36 前回《ぜんかい》を基準《きじゅん》にする。

基 キ
準 ジュン

一日五十分《いちにちごじっぷん》を□《き》□《じゅん》に勉強《べんきょう》する。

毎日《まいにち》□《き》そ水《すい》□《じゅん》の練習《れんしゅう》をする。

標《ひょう》□《じゅん》問題《もんだい》を□《き》本《ほん》に勉強《べんきょう》する。

医師《いし》は手術《しゅじゅつ》の□《じゅん》備《び》をした。

軍事《ぐんじ》□《き》地《ち》は公開《こうかい》されない。

前回《ぜんかい》を□《き》□《じゅん》にする。

月　日

点／10点

37 護《ご》岸《がん》に波《なみ》が寄《よ》せる。

護 ゴ

寄 キ　よる　よせる

1. 動物愛《どうぶつあい》□《ご》に関心《かんしん》を□《よ》せる。

2. 文化財保《ぶんかざいほ》□《ご》のため□《き》付《ふ》した。

3. 負傷者救《ふしょうしゃきゅう》□《ご》で□《き》港《こう》する。

4. 弁《べん》□《ご》士《し》に相談《そうだん》した。

5. 兄《あに》は大学《だいがく》で□《き》宿舎生活《しゅくしゃせいかつ》。

6. □《ご》岸《がん》に波《なみ》が□《よ》せる。

月　日

点／10点

おうちの方へ

「護」は20画で小学校で画数が１番多い字の１つです。
５年生の漢字は画数が多いので、筆順に気を付けましょう。

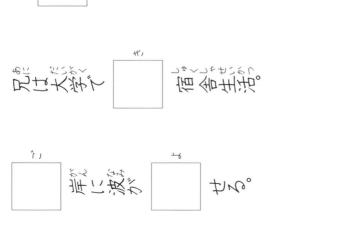

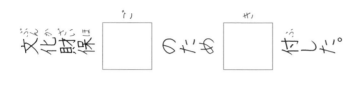

38 交《こう》通《つう》規《き》則《そく》い反《はん》で有《ゆう》罪《ざい》。

規　キ

罪　ザイ　つみ

社長《しゃちょう》は正《せい》□《き》に謝《しゃ》□《ざい》した。

□《き》則《そく》を破《やぶ》り、□《ざい》悪感《あくかん》を感《かん》じる。

犯《はん》□《ざい》の□《き》定《てい》は法律《ほうりつ》にある。

三角定《さんかくじょう》□《ぎ》で正多角形《せいたかくけい》をかく。

□《つみ》ほろぼしに荷物《にもつ》を持《も》つ。

交通《こうつう》□《き》則《そく》い反《はん》で有《ゆう》□《ざい》。

月　　日

点／10点

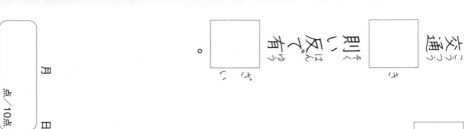

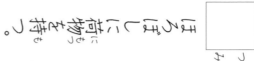

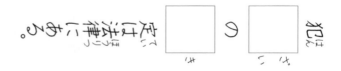

39

逆算《ぎゃくさん》で余計《よけい》に迷《まよ》った。

逆　ギャク　さか　さからう

迷　まよう

＊迷子《まいご》

県境《けんざかい》を□《ぎゃく》に進《すす》んで道《みち》に□《まよ》った。

気《き》の□《まよ》いから親《おや》に□《さか》らう。

□《まよ》いをはらい□《ぎゃく》転《てん》ホームラン。

練習《れんしゅう》して□《さか》立《だ》ちができた。

よそ見《み》をしていて□《まいご》子になった。

□《ぎゃく》算《さん》で余計《よけい》に□《まよ》った。

月　日

点／10点

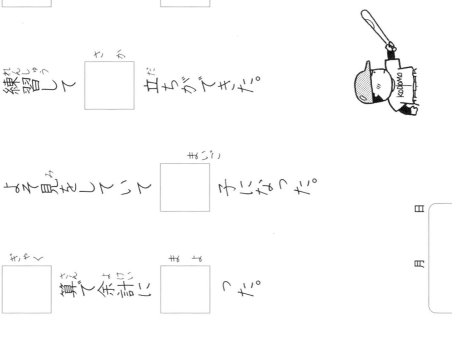

40 妻《つま》は居《い》間《ま》にいる。

妻 サイ つま

居 キョ いる

夫《ふ》□《さい》は新《しん》□《きょ》に移《うつ》った。

客《きゃく》の長《なが》□《い》で□《つま》は不《ふ》機《き》げん。

□《つま》の母《はは》と同《どう》□《きょ》です。

鳥《とり》□《い》の前《まえ》の小《ちい》さな店《みせ》。

□《さい》子《し》はただ今《いま》留《る》守《す》です。

□《つま》は□《い》間《ま》にいる。

月　日

点／10点

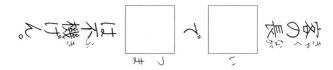

41 禁《きん》酒《しゅ》の心《しん》境《きょう》がわかる。

禁 キン

境 キョウ さかい

環《かん》□《きょう》を守《まも》るため、□《きん》漁《りょう》です。

旅券《りょけん》不《ふ》所持《しょじ》の国《こっ》□《きょう》通過《つうか》は□《きん》止《し》。

□《さかい》目《め》からは立《た》ち入《い》り□《きん》止《し》。

七月《しちがつ》にアユつりが解《かい》□《きん》された。

逆《ぎゃっ》□《きょう》にたえた選手《せんしゅ》が優勝《ゆうしょう》。

□《きん》酒《しゅ》の心《しん》□《きょう》がわかる。

月　日

点／10点

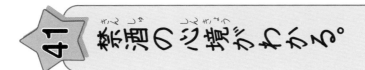

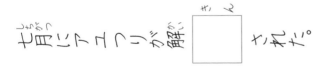

42 肥《ひ》料《りょう》を均《きん》等《とう》に散《さん》布《ぷ》。

肥 ヒ　こえる　こえ　こやし

均 キン

□《ひ》満《まん》だと体《からだ》の□《きん》整《せい》はとれない。

百円《ひゃくえん》□《きん》一《いっ》の店《みせ》で□《こ》やしを買《か》う。

花《か》だんにまいた□《こえ》の平《へい》□《きん》を出《だ》す。

十歩《じっぽ》で進《すす》む長《なが》さの平《へい》□《きん》を求《もと》める。

音楽《おんがく》をきく耳《みみ》が□《こ》えている。

□《ひ》料《りょう》を□《きん》等《とう》に散布《さんぷ》。

月　　日

点／10点

おうちの方へ　肥「ヒ・こえ-る・こえ・こ-やし」などいくつも読みがある字は、送りがなに注意。

43 文《もん》句《く》が絶《た》えない人《ひと》。

句　ク

絶　ゼツ　たえる　たつ

非《ひ》常《じょう》識《しき》な提《てい》案《あん》に□《ぜっ》□《く》した。

慣《かん》用《よう》□《く》を□《た》えず練《れん》習《しゅう》する。

かれに□《ぜっ》望《ぼう》して関《かん》係《けい》を□《た》つ。

次《つぎ》の試《し》合《あい》は□《ぜっ》対《たい》勝《か》つぞ。

□《く》読《とう》点《てん》に気《き》をつけて読《よ》む。

文《もん》□《く》が□《た》えない人《ひと》。

月　　日

点／10点

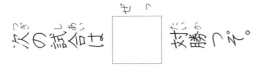

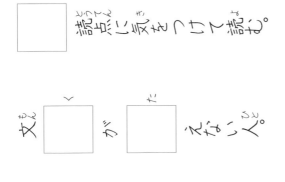

44 歯《は》みがき粉《こ》の広《こう》告《こく》を見《み》る。

粉 フン こ こな

告 コク つげる

春《はる》を□《つ》げる花《か》□《ふん》が飛《と》ぶ。

小麦《こむぎ》□《こ》の値《ね》上《あ》げを予《よ》□《こく》する。

□《こな》ミルクの売《う》り上《あ》げを報《ほう》□《こく》する。

身《み》を□《こ》にして働《はたら》く。

こい人《びと》に別《わか》れを□《つ》げる。

歯《は》みがき□《こ》の広《こう》□《こく》を見《み》る。

月　日

点／10点

45 回答《かいとう》は保留《ほりゅう》します。

保　ホ　たもつ

留　リュウ　ル　とめる　とまる

書《か》き□《と》めたメモを□《ほ》管《かん》する。

母《はは》は□《ほ》育園《いくえん》へ行《い》って□《る》守《す》です。

□《ほ》護者《ごしゃ》の許可《きょか》を得《え》て□《りゅう》学《がく》する。

健康《けんこう》を□《たも》つために努力《どりょく》する。

赤《あか》い帯留《おびど》めが目《め》に□《と》まる。

回答《かいとう》は□《ほ》□《りゅう》します。

月　　日

点／10点

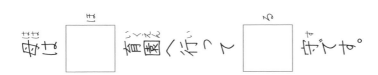

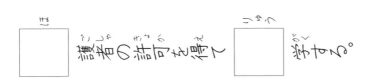

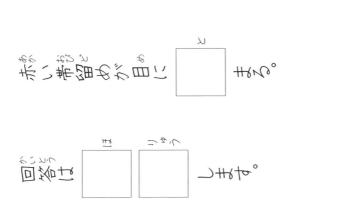

46 快《こころよ》く条件《じょうけん》をのんだ。

快 カイ　こころよい

件 ケン

用《よう》□《けん》を□《こころよ》く引《ひ》き受《う》ける。

事《じ》□《けん》の背景《はいけい》の明《めい》□《かい》な説明《せつめい》。

事《じ》□《けん》の解明《かいめい》は□《かい》調《ちょう》に進《すす》んだ。

□《こころよ》い風《かぜ》がふく牧場《ぼくじょう》。

九対一《きゅうたいいち》で□《かい》勝《しょう》した。

□《こころよ》く条《じょう》□《けん》をのんだ。

月　日

点／10点

47 火災保険《かさいほけん》をかける。

災 サイ

険 ケン けわしい

□《さい》害《がい》の危《き》□《けん》性《せい》が増《ま》した。

防《ぼう》□《さい》のため、□《けわ》しい山道《やまみち》を登《のぼ》った。

この水害《すいがい》は人《じん》□《さい》だと□《けわ》しい声《こえ》。

天《てん》□《さい》は忘《わす》れたころにやってくる。

ぼう□《けん》小説《しょうせつ》が大好《だいす》きです。

火《か》□《さい》保《ほ》□《けん》をかける。

月　　日

点／10点

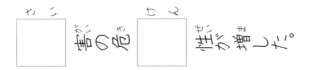

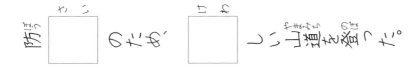

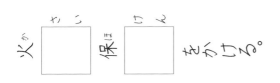

48 真《しん》犯《はん》人《にん》が姿《すがた》を現《あらわ》す。

犯 ハン

現 ゲン　あらわれる　あらわす

□《はん》人《にん》は事件《じけん》□《げん》場《ば》に現《あらわ》れた。

□《げん》在《ざい》、防《ぼう》□《はん》カメラを確認中《かくにんちゅう》。

□《はん》行《こう》は□《げん》実《じつ》のものだった。

日食《にっしょく》の後《あと》、太陽《たいよう》が□《あらわ》れた。

□《はん》罪《ざい》が減《へ》ることを願《ねが》う。

真《しん》□《はん》人《にん》が姿《すがた》を□《あらわ》す。

月　　日

点／10点

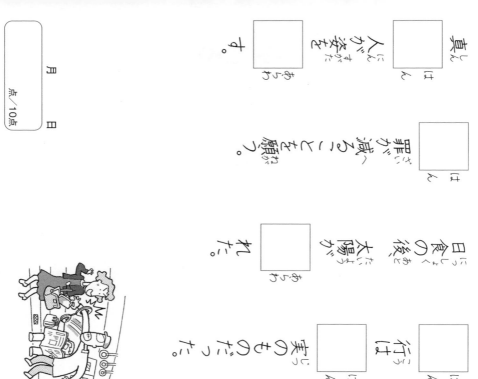

49 体重《たいじゅう》の増減《ぞうげん》が激《はげ》しい。

増 ゾウ ます ふえる
減 ゲン へる

□《ぞう》築《ちく》のため、預金《よきん》が□《へ》った。

給料《きゅうりょう》が□《ふ》えるか□《へ》るかは大問題《だいもんだい》。

□《げん》量《りょう》しても筋力《きんりょく》□《ぞう》加《か》。

工事費用《こうじひよう》の水《みず》□《ま》しは犯罪《はんざい》。

夕方《ゆうがた》には腹《はら》が□《へ》る。

体重《たいじゅう》の□《ぞう》□《げん》が激《はげ》しい。

月　　日

点／10点

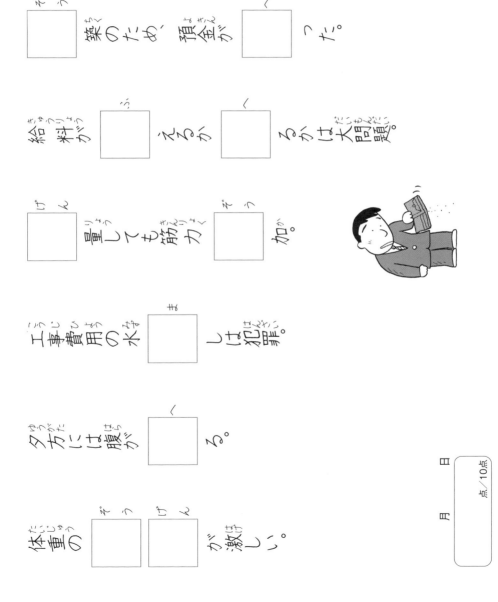

50 個《こ》別《べつ》に支《し》給《きゅう》された。

個 コ

支 シ　ささえる

□《こ》人《じん》の問題《もんだい》をみんなで□《ささ》える。

□《し》社《しゃ》で□《こ》別《べつ》に面接《めんせつ》する。

□《こ》人《じん》の心《こころ》までは□《し》配《はい》されない。

□《こ》性《せい》をのばす教育《きょういく》。

弁護士《べんごし》は貧《まず》しい人《ひと》を□《ささ》えた。

□《こ》別《べつ》に□《し》給《きゅう》された。

月　日

点／10点

料金受取人払郵便

大阪北局
承　認
4911

差出有効期限
2026年5月31日まで
※切手を貼らずに
お出しください。

郵 便 は が き

530-8790

156

大阪市北区曽根崎 2-11-16
梅田セントラルビル

清風堂書店
愛読者係　行

愛読者カード　ご購入ありがとうございます。

フリガナ		性別	
お名前		年齢	歳
TEL		ご職業	
ご住所			
E-mail	@		

ご記入いただいた個人情報は、当社の出版の参考にのみ活用させていただきます。第三者には一切開示いたしません。

・学力がアップする教材満載の**カタログ送付を希望**します。□

●ご購入書籍・プリント名

●ご購入店舗・サイト名等(　　　　　　　　　　　　　　　　　　　　　　　　)

●ご購入の決め手は何ですか？（あてはまる数字に○をつけてください）

1.表紙・タイトル　　2.内容　　3.価格　　4.SNSやHP
5.知人の紹介　　6.その他(　　　　　　　　　　　　　　　　　　)

●本書の内容には、ご満足いただけたでしょうか？（あてはまる数字に○をつけてください）

たいへん満足					不満
	5	4	3	2	1

●本書の**良かったところ**や、**改善してほしいところ**を教えてください。

●ご意見・ご感想、**本書の内容に関してのご質問**、また今後**欲しい商品のアイデア**がありましたら、下欄にご記入ください。

※ご協力ありがとうございました。

★ご感想を小社SNS、HP等で匿名でご紹介させていただく場合もございます。
□ 可　　□ 不可

HPで他の商品もご覧いただけます。

★おハガキをいただいた方の中から、抽選で20名様に1,000円分の図書カードをプレゼント！当選の発表は、商品の発送をもってかえさせていただきます。

51 そんなこと常識《じょうしき》だ。

常 ジョウ つね
識 シキ

□《つね》に良《りょう》□《しき》ある行動《こうどう》をする。

日《にち》□《じょう》の知《ち》□《しき》を広《ひろ》める活動《かつどう》。

正《せい》□《じょう》な意《い》□《しき》を保《たも》つ。

大雨《おおあめ》でも通《つう》□《じょう》の登校《とうこう》です。

交通標《こうつうひょう》□《しき》に気《き》を付《つ》ける。

そんなこと□《じょう》□《しき》だ。

月　　日

点／10点

おうちの方へ　「常識」「責任」「構造」など覚えてほしい言葉の漢字を出しています。□の漢字を書くだけでなく、文をよく読みましょう。

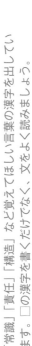

52 責《せき》任《にん》ある態度《たいど》を示《しめ》す。

責 セキ せめる

任 ニン まかせる まかす

無《む》□《せき》任《にん》に運《うん》を天《てん》に□《まか》すと言《い》う。

□《にん》務《む》を果《は》たせと□《せ》められる。

自《じ》□《せき》の念《ねん》にかられ、辞《じ》□《にん》した。

委員長《いいんちょう》の□《にん》期《き》が無事《ぶじ》終《お》わる。

自画自賛《じがじさん》だと□《せ》める。

□《せき》□《にん》ある態度《たいど》を示《しめ》す。

月　　日

点／10点

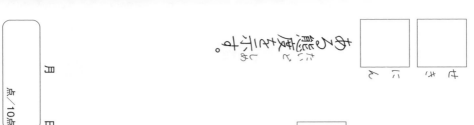

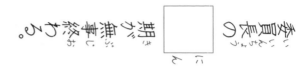

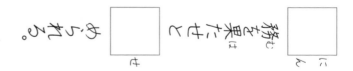

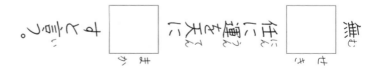

53 講師《こうし》を厚《あつ》くもてなす。

講 コウ
厚 あつい

□《あつ》紙工作《がみこうさく》の□《こう》習会《しゅうかい》。

分《ぶ》□《あつ》い本《ほん》で□《こう》義《ぎ》をする教授《きょうじゅ》。

寒《さむ》いので□《あつ》着《ぎ》で□《こう》堂《どう》に行《い》った。

よく笑《わら》う□《こう》演《えん》だった。

人情《にんじょう》に□《あつ》い老人《ろうじん》。

□《こう》師《し》を□《あつ》くもてなす。

月　　日

点／10点

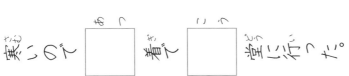

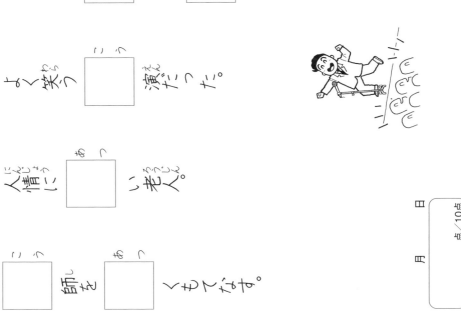

54 先《せん》祖《ぞ》が残《のこ》した耕《こう》作《さく》地《ち》。

祖 ソ
耕 コウ たがやす

1. □《そ》父《ふ》母《ぼ》は今《いま》も畑《はたけ》を□《たがや》す。
2. □《そ》母《ぼ》は□《こう》具《ぐ》を上手《じょうず》に使《つか》う。
3. □《そ》父《ふ》は□《こう》運機《うんき》に乗《の》る。
4. 日本《にほん》は昔《むかし》から農《のう》□《こう》している。
5. ぼくの□《そ》先《せん》は農民《のうみん》だ。
6. 先《せん》□《ぞ》が残《のこ》した□《こう》作《さく》地《ち》。

月　　日

点／10点

55 鉄《てっ》鉱《こう》を売《う》り精《せい》算《さん》した。

鉱《コウ》 精《セイ》

□《こう》石《せき》から金属《きんぞく》を□《せい》製《せい》する。

□《せい》を出《だ》して金《きん》□《こう》をほる。

□《こう》脈《みゃく》を探《さが》し回《まわ》って□《せい》根《こん》つきた。

独立《どくりつ》□《せい》神《しん》を養《やしな》う。

昔《むかし》は炭《たん》□《こう》が栄《さか》えていた。

鉄《てっ》□《こう》を売《う》り□《せい》算《さん》した。

月　日

点／10点

56 人体《じんたい》の構《こう》造《ぞう》を学《まな》ぶ。

構 コウ かまえる
造 ゾウ つくる

駅《えき》□《こう》内《ない》に□《ぞう》花《か》をかざる。

木《もく》□《ぞう》の店《みせ》を□《かま》える。

客船建《きゃくせんけん》□《ぞう》の□《こう》想《そう》を練《ね》る。

地下水《ちかすい》で日本酒《にほんしゅ》を□《つく》る。

この絵《え》は□《こう》図《ず》がいい。

人体《じんたい》の□《こう》□《ぞう》を学《まな》ぶ。

月　日
点／10点

57 授賞式《じゅしょうしき》は混《こ》み合《あ》った。

授 ジュ

混 コン　まざる　まぜる　こむ

□《じゅ》業《ぎょう》で塩《しお》と水《みず》を□《ま》ぜた。

スパイス□《こん》合法《ごうほう》を伝《でん》□《じゅ》する。

教《きょう》□《じゅ》は二《ふた》つを□《こん》同《どう》している。

材料《ざいりょう》に油《あぶら》を□《ま》ぜる。

□《こん》雑《ざつ》した電車《でんしゃ》に乗《の》る。

□《じゅ》賞式《しょうしき》は□《こ》み合《あ》った。

月　日

点／10点

58 清潔《せいけつ》検《けん》査《さ》は再来週《さらいしゅう》。

再 サイ サ ふたた(び)　**査** サ

1. 検《けん》□《さ》方法《ほうほう》を□《さい》現《げん》する。
2. 調《ちょう》□《さ》後《ご》に□《ふたた》び会《あ》おう。
3. 期末考《きまつこう》□《さ》で□《さい》起《き》をはかる。
4. 駅前《えきまえ》を□《さい》開発《かいはつ》する。
5. ビデオを□《さい》生《せい》する。
6. 清潔検《せいけつけん》□《さ》は□《さ》来週《らいしゅう》。

その調子！　がんばれ！

月　　日　　点／10点

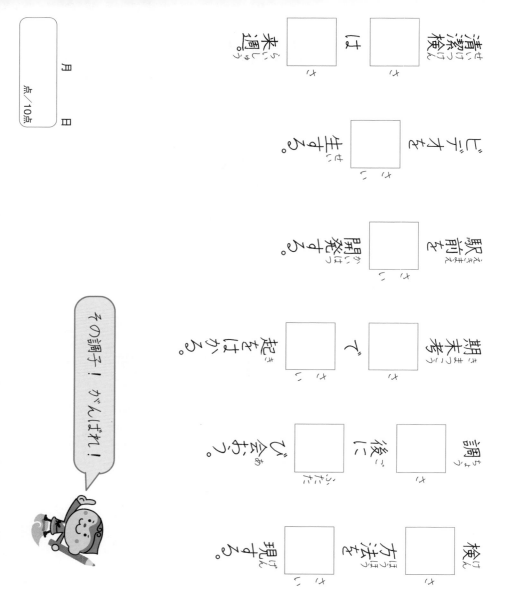

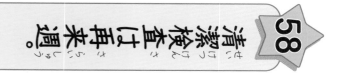

59 国際交流案《こくさいこうりゅうあん》を提示《ていじ》。

際 サイ
提 テイ

実《じっ》□《さい》に行《い》くことが前《ぜん》□《てい》。

国《こく》□《さい》航路再開《こうろさいかい》の□《てい》案《あん》。

文書《ぶんしょ》は実《じっ》□《さい》に□《てい》出《しゅつ》する。

□《さい》限《げん》なく続《つづ》くおしゃべり。

よく考《かんが》えて□《てい》案《あん》する。

国《こく》□《さい》交流案《こうりゅうあん》を□《てい》示《じ》。

月　　日

点／10点

60 文《ぶん》化《か》財《ざい》保《ほ》護《ご》の在《あ》り方《かた》。

財《ザイ》

在《ザイ》《ある》

政《せい》治《じ》と□《ざい》政《せい》の□《あ》り方《かた》。

現《げん》□《ざい》の□《ざい》政《せい》状《じょう》きょうをつかむ。

□《ざい》校《こう》生《せい》は文《ぶん》化《か》□《ざい》を見《けん》学《がく》する。

新《しん》幹《かん》線《せん》と□《ざい》来《らい》線《せん》を接《せつ》続《ぞく》する。

祖《そ》父《ふ》は孫《まご》にも□《ざい》産《さん》を分《わ》けた。

文《ぶん》化《か》□《ざい》保《ほ》護《ご》の□《あ》り方《かた》。

月　日

点／10点

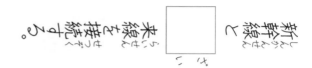

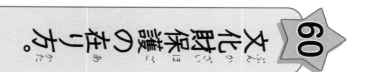

61 生物《せいぶつ》は酸《さん》素《そ》を吸《す》う。

酸《サン》 素《ソ》

□《さん》□《そ》は大気《たいき》の四分《よんぶん》の一《いち》。

ドライアイスは二《に》□《さん》化炭《かたん》□《そ》。

□《そ》質《しつ》ある芸人《げいにん》の質《しつ》□《そ》な生活《せいかつ》。

□《さん》性雨《せいう》を観察《かんさつ》する。

□《そ》材《ざい》を生《い》かした料理《りょうり》。

生物《せいぶつ》は□《さん》□《そ》を吸《す》う。

月　　日

点／10点

おうちの方へ

「生物は酸素を吸う」(P.61)、「主語を修しょくする形容詞」(P.70) などの意味のある文は、どういうことなのかをちょっと考えてみましょう。

62 感《かん》情《じょう》的《てき》に賛《さん》成《せい》しない。

情 ジョウ なさけ
賛 サン

□《じょう》熱《ねつ》的《てき》な教《きょう》育《いく》が絶《ぜっ》□《さん》された。

□《さん》同《どう》を得《え》て□《じょう》報《ほう》を流《なが》す。

事《じ》□《じょう》があって□《さん》同《どう》できない。

賞《しょう》□《さん》の声《こえ》が上《あ》がる。

□《なさ》けは人《ひと》のためならず。

感《かん》□《じょう》的《てき》に□《さん》成《せい》しない。

月　日
点／10点

63 大統領《だいとうりょう》を志《こころざ》す政治家《せいじか》。

統 トウ

志 シ こころざす こころざし

伝《でん》□《とう》工芸師《こうげいし》を□《し》望《ぼう》する。

伝《でん》□《とう》ある高校《こうこう》を□《し》願《がん》した。

有《ゆう》□《し》で□《とう》合《ごう》チームを結成《けっせい》。

□《とう》計《けい》をよく見《み》て判断《はんだん》する。

高《たか》い□《こころざし》をもって勉学《べんがく》にはげむ。

大《だい》□《とう》領《りょう》を□《こころざ》す政治家《せいじか》。

月　　日

点／10点

64 ある政《せい》治《じ》家《か》は資《し》産《さん》家《か》。

政《セイ》 資《シ》

□《せい》府《ふ》は多《た》額《がく》の□《し》本《ほん》を支《し》出《しゅつ》した。

鉱《こう》物《ぶつ》□《し》源《げん》の確《かく》保《ほ》は国《こく》□《せい》問《もん》題《だい》。

□《せい》治《じ》□《し》金《きん》を公《こう》開《かい》する。

いろいろな□《し》料《りょう》を調《しら》べる。

□《せい》界《かい》をゆるがす大《だい》事《じ》件《けん》。

ある□《せい》治《じ》家《か》は□《し》産《さん》家《か》。

月　日　点／10点

65 牛舎《ぎゅうしゃ》で牛《うし》を飼《か》う。

舎 シャ

飼 シ　かう

宿《しゅく》□《しゃ》で犬《いぬ》を□《か》うのは禁止《きんし》。

牛《ぎゅう》□《しゃ》に□《し》料《りょう》を運《はこ》ぶ。

校《こう》□《しゃ》南側《みなみがわ》の□《し》育小屋《いくごや》。

駅《えき》□《しゃ》は乗客《じょうきゃく》で混《こ》んでいた。

野鳥《やちょう》を□《か》い慣《な》らす。

牛《ぎゅう》□《しゃ》で牛《うし》を□《か》う。

月　日

点／10点

66 述《じゅつ》語《ご》を例《れい》示《じ》する。

述 ジュツ のべる
示 ジ しめす

口《こう》□《じゅつ》筆《ひっ》記《き》の手本《てほん》を□《しめ》す。

事例《じれい》を□《しめ》し、考《かんが》えを□《の》べる。

校長先生《こうちょうせんせい》の訓《くん》□《じ》を記《き》□《じゅつ》した。

母《はは》に感謝《かんしゃ》の言葉《ことば》を□《の》べた。

先生《せんせい》の指《し》□《じ》に従《したが》う。

□《じゅつ》語《ご》を例《れい》□《じ》する。

月　日

点／10点

67 手《しゅ》術《じゅつ》後《ご》は面《めん》会《かい》謝《しゃ》絶《ぜつ》。

術《ジュツ》 謝《シャ》

美《び》□《じゅつ》の先《せん》生《せい》に月《げっ》□《しゃ》をはらう。

手《しゅ》□《じゅつ》成功《せいこう》、医師《いし》に感《かん》□《しゃ》。

技《ぎ》□《じゅつ》提供《ていきょう》に□《しゃ》礼《れい》する。

医《い》□《じゅつ》の進歩《しんぽ》に目《め》を見張《みは》る。

事故《じこ》を起《お》こし、□《しゃ》罪《ざい》する。

手《しゅ》□《じゅつ》後《ご》は面会《めんかい》□《しゃ》絶《ぜつ》。

月　　日

点／10点

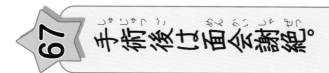

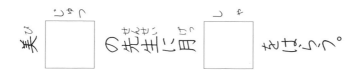

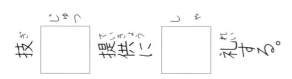

68 小《こ》枝《えだ》を切《き》る職《しょく》人《にん》さん。

枝《えだ》　職《ショク》

□《しょく》員室《いんしつ》まで桜《さくら》の□《えだ》がのびた。

□《しょく》場《ば》で□《えだ》豆《まめ》をもらった。

□《えだ》ぶりのいい松《まつ》を仕立《した》てた□《しょく》人《にん》。

□《えだ》葉《は》の問題《もんだい》だと片付《かたづ》けるな。

昔《むかし》は□《しょく》業《ぎょう》に制限《せいげん》があった。

小《こ》□《えだ》を切《き》る□《しょく》人《にん》さん。

月　　日

点／10点

69 よく似《に》た新築《しんちく》の家《いえ》。

似　にる

築　チク　きずく

□《に》た者同士《ものどうし》で関係《かんけい》を□《きず》く。

改《かい》□《ちく》したが前《まえ》と□《に》ている。

建《けん》□《ちく》家《か》の□《に》顔絵《がおえ》ができた。

家《いえ》がせまいので増《ぞう》□《ちく》した。

□《に》た意味《いみ》の言葉《ことば》を探《さが》す。

よく□《に》た新《しん》□《ちく》の家《いえ》。

月　　日

点／10点

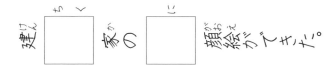

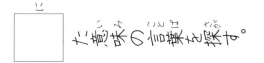

70 仏《ぶつ》像《ぞう》を修《しゅう》理《り》する。

仏 ブツ　ほとけ

修 シュウ　おさめる

1. □《しゅう》学《がく》旅《りょ》行《こう》で大《だい》□《ぶつ》を見《み》た。
2. □《ほとけ》様《さま》を拝《おが》み、身《み》を□《おさ》める。
3. 学業《がくぎょう》を□《おさ》め、□《ぶつ》門《もん》に入《はい》る。
4. 主語《しゅご》を□《しゅう》しょくする形容詞《けいようし》。
5. □《ほとけ》の顔《かお》も三度《さんど》まで。
6. □《ぶつ》像《ぞう》を□《しゅう》理《り》する。

月　　日

点／10点

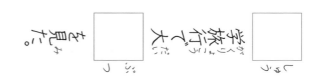

71 消《しょう》毒《どく》薬《やく》の殺《さっ》きん作《さ》用《よう》。

毒《ドク》
殺《サツ》《ころす》

戦争《せんそう》のため象《ぞう》は□《どく》□《さつ》された。

気《き》の□《どく》に声《こえ》を□《ころ》して泣《な》いている。

□《さっ》虫《ちゅう》ざいで虫《むし》を□《ころ》す。

食中《しょくちゅう》□《どく》を防《ふせ》ぐ手洗《てあら》い。

家具《かぐ》のない□《さっ》風景《ぷうけい》な部屋《へや》。

消《しょう》□《どく》薬《やく》の□《さっ》きん作用《さよう》。

月　日

点／10点

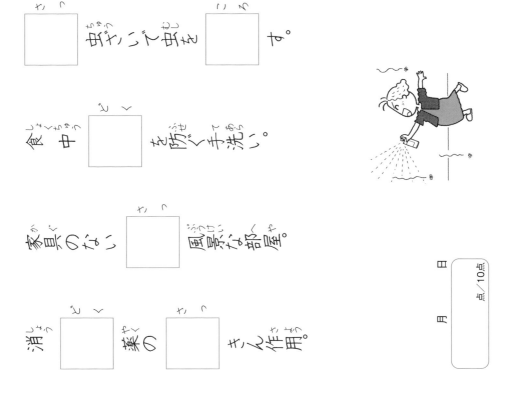

72 歴《れき》史《し》と伝説《でんせつ》はちがう。

歴《レキ》　史《シ》

日本《にほん》の□《れき》□《し》を学《まな》ぶ。

学《がく》□《れき》は大学卒《だいがくそつ》、世界《せかい》□《し》が専門《せんもん》。

□《し》実《じっ》をもとにした□《れき》史《し》小説《しょうせつ》。

□《し》上最悪《じょうさいあく》の航空事故《こうくうじこ》。

□《れき》代《だい》の校長先生《こうちょうせんせい》の写真《しゃしん》。

□《れき》□《し》と伝説《でんせつ》はちがう。

月　　日

点／10点

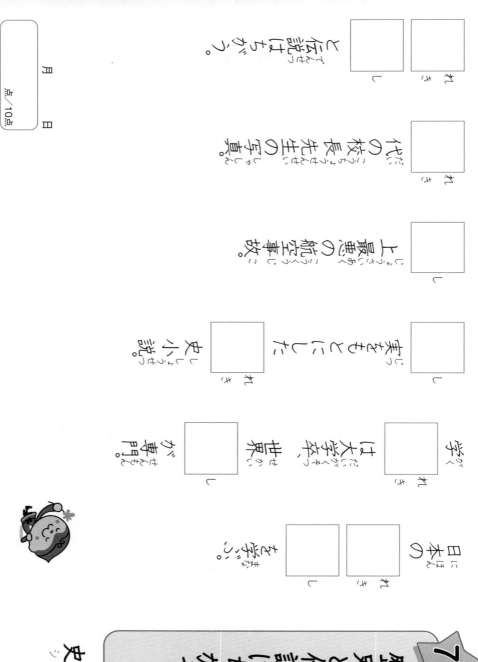

73 増税《ぞうぜい》に条件《じょうけん》をつける。

税《ゼイ》 条《ジョウ》

市《し》□《じょう》例《れい》で市民《しみん》□《ぜい》が決《き》まる。

減《げん》□《ぜい》を信《しん》□《じょう》とする政治家《せいじか》。

消費《しょうひ》□《ぜい》が増《ぞう》□《ぜい》される。

□《じょう》約《やく》は国家間《こっかかん》の約束《やくそく》。

国民《こくみん》は□《ぜい》金《きん》を納《おさ》める。

増《ぞう》□《ぜい》に□《じょう》件《けん》をつける。

月　日

点／10点

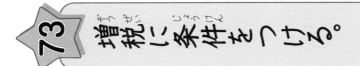

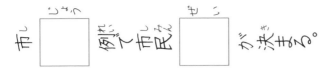

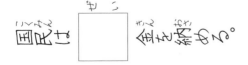

74 個《こ》性《せい》を生《い》かした指《し》導《どう》。

性《セイ》　導《ドウ・みちびく》

群《む》れを□《みちび》く可《か》能《のう》□《せい》。

特《とく》□《せい》を生《い》かし、勝利《しょうり》へと□《みちび》く。

理《り》□《せい》的《てき》に教《おし》え□《みちび》く先生《せんせい》。

遠足《えんそく》で児童《じどう》を先《せん》□《どう》する。

□《せい》能《のう》がいいパソコン。

個《こ》□《せい》を生《い》かした指《し》□《どう》。

月　　日

点／10点

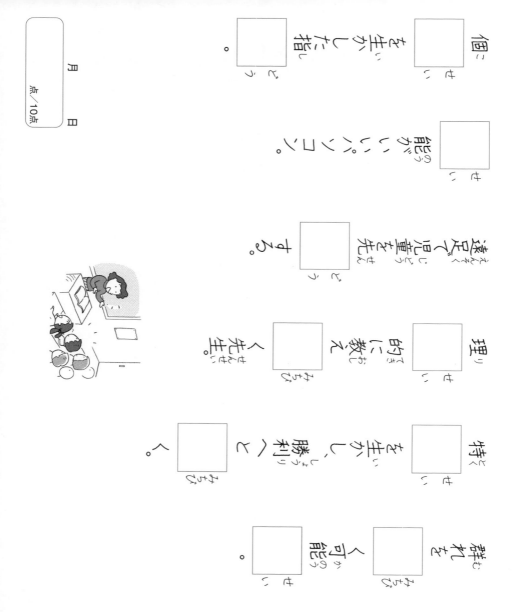

75 わが子《こ》の入賞《にゅうしょう》を喜《よろこ》ぶ。

賞 ショウ
喜 キ よろこぶ

□《しょう》金《きん》をもらって□《よろこ》んだ。

□《よろこ》んで□《しょう》状《じょう》を受《う》け取《と》る。

□《き》劇作家《げきさっか》が金《きん》□《しょう》を受《う》ける。

悲《ひ》□《き》こもごも昔《むかし》を語《かた》る。

□《しょう》味期限《みきげん》が過《す》ぎている。

わが子《こ》の入《にゅう》□《しょう》を□《よろこ》ぶ。

きれいに書けているね！ すごい！

月　　日

点／10点

76 製《せい》品《ひん》を直《ちょく》接《せつ》納《おさ》める。

製《セイ》 接《セツ》

□《せい》鉄所《てつじょ》の面《めん》□《せつ》試験《しけん》を受《う》けた。

□《せっ》着《ちゃく》ざいを使《つか》って□《せい》本《ほん》する。

□《せい》作《さく》の方法《ほうほう》を間《かん》□《せつ》的《てき》に聞《き》いた。

自家《じか》□《せい》の果実酒《かじつしゅ》を飲《の》む。

ネットに□《せつ》続《ぞく》して調《しら》べる。

□《せい》品《ひん》を直《ちょく》□《せつ》納《おさ》める。

月　日

点／10点

77 団地《だんち》を建設《けんせつ》する。

団　ダン

設　セツ　もうける

□《だん》体《たい》の規則《きそく》を□《もう》ける。

□《だん》長《ちょう》は相談《そうだん》の席《せき》を□《もう》ける。

集《しゅう》□《だん》で□《せっ》計《けい》した市庁舎《しちょうしゃ》。

一組《いちくみ》は□《だん》体競技《たいきょうぎ》で勝《か》った。

次《つぎ》の□《せつ》問《もん》に答《こた》えなさい。

□《だん》地《ち》を建《けん》□《せつ》する。

月　　日

点／10点

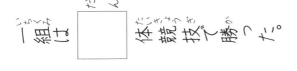

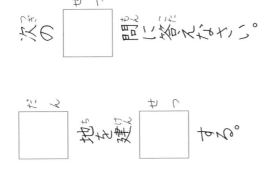

78 貸《かし》家《や》の保《ほ》証金《しょうきん》をはらう。

貸《かす》
証《ショウ》

□《か》し出《だ》す物《もの》の保《ほ》□《しょう》をする。

□《か》し切《き》りバスの領収《りょうしゅう》□《しょう》。

□《か》し借《か》りの□《しょう》こがある。

事件《じけん》の□《しょう》人《にん》になる。

図書館《としょかん》の□《か》し出《だ》し日《び》。

□《かし》家《や》の保《ほ》□《しょう》金《きん》をはらう。

月　日

点／10点

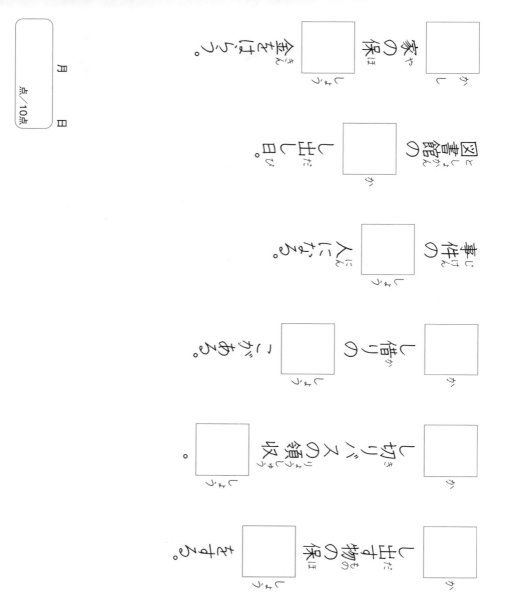

79 勢《いきお》いよく水《みず》を散《さん》布《ぷ》する。

勢 セイ いきおい

布 フ ぬの

大《おお》□《ぜい》でビラを配《はい》□《ふ》する。

運《うん》□《せい》が良《よ》くなる財《さい》□《ふ》を持《も》つ。

形《けい》□《せい》が良《よ》くなる□《ふ》石《せき》を打《う》つ。

毛《もう》□《ふ》をしいてねる。

姿《し》□《せい》よく歩《ある》く。

□《いきお》いよく水《みず》を散《さん》□《ぷ》する。

月　日

点／10点

80 総《そう》会《かい》で規《き》則《そく》を決《き》める。

総《ソウ》 則《ソク》

意見《いけん》を□《そう》合《ごう》して校《こう》□《そく》を決《き》める。

□《そう》理大臣《りだいじん》は□《そう》合的《ごうてき》に判断《はんだん》する。

反《はん》□《そく》の□《そう》計《けい》が多《おお》くて負《ま》けた。

□《そう》画数《かくすう》が二十画《にじっかく》の漢字《かんじ》。

原《げん》□《そく》を尊重《そんちょう》する。

□《そう》会《かい》で規《き》□《そく》を決《き》める。

月　日

点／10点

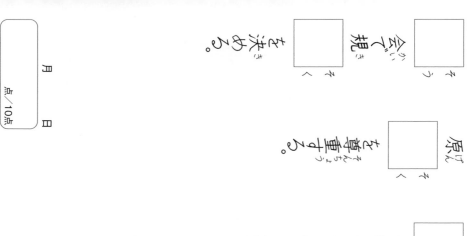

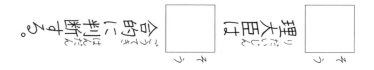

81 予測《よそく》できた内容《ないよう》。

容 ヨウ

測 ソク はかる

□《よう》量《りょう》を□《そく》定《てい》する。

道路《どうろ》の□《そく》量《りょう》は□《よう》易《い》ではない。

□《よう》器《き》の内《ない》□《よう》はわからない。

毎月身長《まいつきしんちょう》を□《はか》る。

山《やま》の高《たか》さを計《けい》□《そく》する。

予《よ》□《そく》できた内《ない》□《よう》。

月　日

点／10点

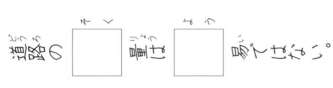

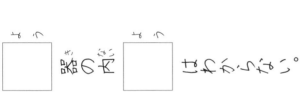

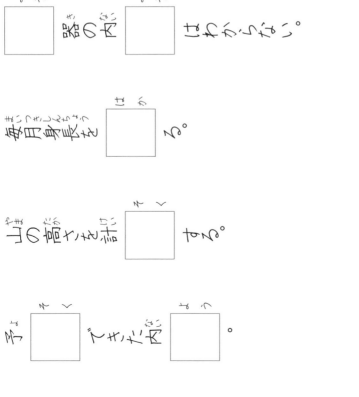

82 燃《も》え広《ひろ》がるのを防《ふせ》ごう。

燃 ネン もえる もやす

防 ボウ ふせぐ

不完全《ふかんぜん》□《ねん》焼《しょう》のまま終《お》わってしまった。

未然《みぜん》に事故《じこ》を□《ふせ》ぐ。

木《き》を□《も》やし寒《さむ》さを□《ふせ》ぐ。

消《しょう》□《ぼう》隊《たい》が□《も》える火《ひ》を消《け》す。

□《も》え上《あ》がるほのおを□《ふせ》ぎきれない。

□《も》え広《ひろ》がるのを□《ふせ》ごう。

月　　日

点／10点

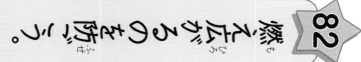

83 出版《しゅっぱん》部《ぶ》に配属《はいぞく》された。

版 ハン
属 ゾク

金《きん》□《ぞく》の□《はん》画《が》もある。

大学《だいがく》付《ふ》□《ぞく》病院《びょういん》に木《もく》□《はん》画《が》がある。

付《ふ》□《ぞく》小学校《しょうがっこう》が本《ほん》を出《しゅっ》□《ぱん》した。

音楽事務所《おんがくじむしょ》に所《しょ》□《ぞく》する歌手《かしゅ》。

辞典《じてん》の図《ず》□《はん》を楽《たの》しむ。

出《しゅっ》□《ぱん》部《ぶ》に配《はい》□《ぞく》された。

月　日

点／10点

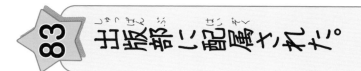

84 能《のう》率《りつ》よく勉強《べんきょう》する。

能　ノウ

率　リツ　ひきいる

才《さい》□《のう》豊《ゆた》かな児童《じどう》を□《ひき》いる。

技《ぎ》□《のう》をみがき、打《だ》□《りつ》を上《あ》げる選手《せんしゅ》。

預金利《よきんり》□《りつ》が上《あ》がる可《か》□《のう》性《せい》はない。

倍《ばい》□《りつ》を百分率《ひゃくぶんりつ》で表《あらわ》す。

性《せい》□《のう》が良《よ》くなったデジカメ。

□《のう》□《りつ》よく勉強《べんきょう》する。

月　　日

点／10点

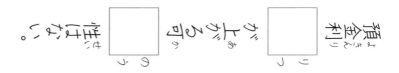

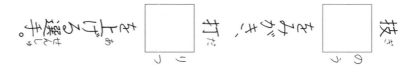

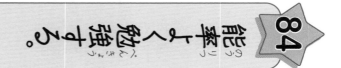

85 大統領《だいとうりょう》の独立宣言《どくりつせんげん》。

領 リョウ
独 ドク ひとり

□《どく》身《しん》の本《ほん》□《りょう》を発揮《はっき》する。

□《どく》断《だん》で□《りょう》土《ど》を視察《しさつ》。

□《どく》特《とく》な話《はな》し方《かた》で要《よう》□《りょう》を得《え》ない。

兄《あに》は卒業後《そつぎょうご》、□《ひと》り立《だ》ちした。

□《ひと》りぼっちの夕食《ゆうしょく》だった。

大統《だいとう》□《りょう》の□《どく》立宣言《りつせんげん》。

月　日

点／10点

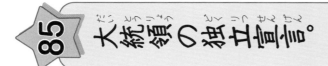

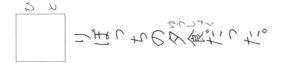

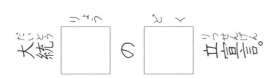

86 音程《おんてい》を比《くら》べる。

程 テイ

比 ヒ くらべる

旅行日《りょこうにっ》□《てい》を□《ひ》かくする。

両者《りょうしゃ》の内容《ないよう》の□《てい》度《ど》を□《くら》べる。

両社《りょうしゃ》の工《こう》□《てい》を対《たい》□《ひ》する。

六年生《ろくねんせい》で□《ひ》例《れい》・反比例《はんぴれい》を習《なら》う。

動物《どうぶつ》の進化《しんか》の過《か》□《てい》を研究《けんきゅう》する。

音《おん》□《てい》を□《くら》べる。

月　日

点／10点

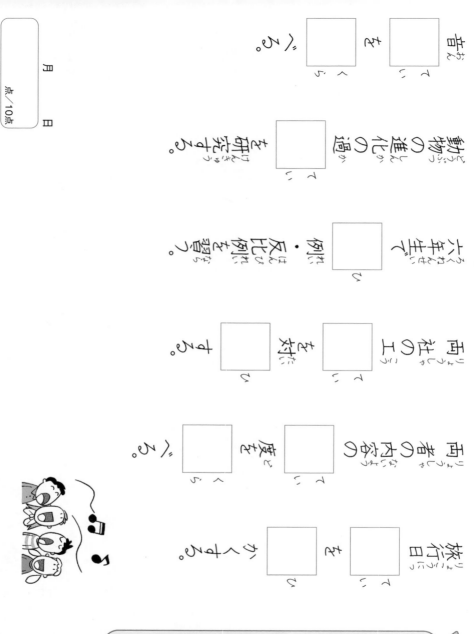

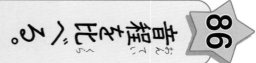

適 テキ
評 ヒョウ

87 適切《てきせつ》な評価《ひょうか》を受《う》けた。

その書《しょ》□《ひょう》は最《さい》□《てき》だと感《かん》じた。

快《かい》□《てき》な船旅《ふなたび》だと好《こう》□《ひょう》だ。

小学生《しょうがくせい》に最《さい》□《てき》と定《てい》□《ひょう》ある辞典《じてん》。

あの店《みせ》は安《やす》いと□《ひょう》判《ばん》だ。

□《てき》度《ど》な運動《うんどう》を毎日《まいにち》する。

□《てき》切《せつ》な□《ひょう》価《か》を受《う》けた。

月　日

点／10点

88 豊《ほう》作《さく》で貧《びん》ぼうをぬけ出《だ》す。

貧 ビン まずしい

豊 ホウ ゆたか

□《まず》しい国《くに》と□《ゆた》かな国《くに》。

□《ほう》富《ふ》な物《もの》を□《まず》しい人《ひと》に配《くば》る。

□《びん》ぼうひまなし。

今年《ことし》は□《ほう》漁《りょう》だ。

□《ゆた》かな社会《しゃかい》の心の□《まず》しさ。

□《ほう》作《さく》で□《びん》ぼうをぬけ出《だ》す。

月　　日

点／10点

おうちの方へ

「貧」は小学校では「ビン・まず-しい」の読みを勉強します。
「貧血《ひんけつ》・貧富《ひんぷ》」などの「ヒン」は中学校で学習します。

89 非《ひ》常《じょう》に大《おお》きい暴《ぼう》風《ふう》雨《う》。

非 ヒ
暴 ボウ　あばれる

□《ひ》礼《れい》にも社長《しゃちょう》に□《ぼう》言《げん》をはく。

□《ひ》行少年《こうしょうねん》が道路《どうろ》を□《ぼう》走《そう》。

□《ひ》運《うん》にも馬《うま》が□《あば》れて落馬《らくば》。

そこで大《おお》□《あば》れは非常識《ひじょうしき》。

□《ぼう》力反対《りょくはんたい》と立《た》ち上《あ》がった市民《しみん》。

□《ひ》常《じょう》に大《おお》きい□《ぼう》風雨《ふうう》。

月　　日

点／10点

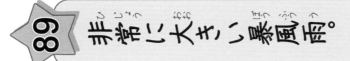

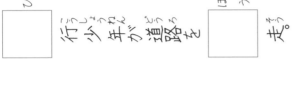

90 役《やく》所《しょ》で保《ほ》険《けん》証《しょう》を確《たし》かめる。

確　カク　たしか　たしかめる

険　ケン　けわしい

妹《いもうと》は□《けわ》しい目《め》つきをした。

それは□《たし》かな情報《じょうほう》ですか。

危《き》□《けん》かどうか□《たし》かめる。

保《ほ》□《けん》の加入《かにゅう》を□《かく》約《やく》する。

危《き》□《けん》なことは明《めい》□《かく》だ。

役所《やくしょ》で保《ほ》□《けん》証《しょう》を□《たし》かめる。

月　　日

点／10点

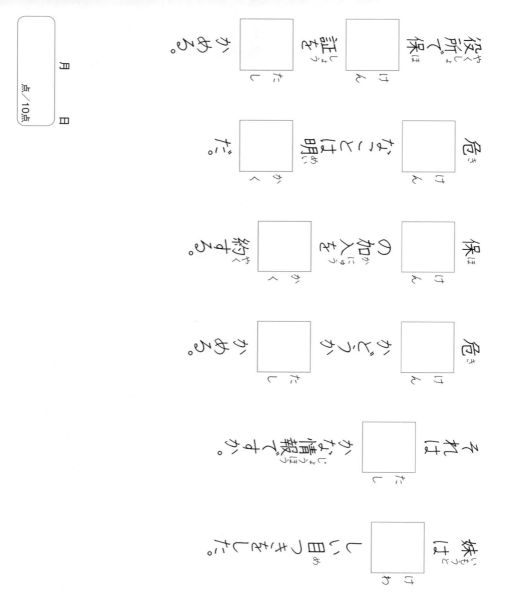

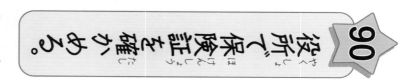

91 父《ちち》の墓《ぼ》前《ぜん》で弁《べん》明《めい》する。

墓 ボ はか
弁 ベン

□《ぼ》石《せき》に桜《さくら》の花《か》□《べん》が散《ち》った。

□《べん》護《ご》士《し》は一家《いっか》で□《はか》参《まい》り。

□《ぼ》地《ち》を買《か》い、□《ぼ》標《ひょう》を建《た》てる。

夜《よる》の□《はか》場《ば》できもだめし。

修学旅行《しゅうがくりょこう》に□《べん》当《とう》が必要《ひつよう》。

父《ちち》の□《ぼ》前《ぜん》で□《べん》明《めい》する。

月　日

点／10点

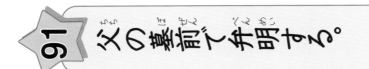

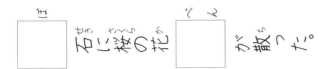

92 私《わたし》の夢《ゆめ》は消防士《しょうぼうし》。

夢　ム　ゆめ

防　ボウ　ふせぐ

□《む》中《ちゅう》で□《ぼう》災研究《さいけんきゅう》をする技師《ぎし》。

事故《じこ》を□《ふせ》いだ□《ゆめ》を見《み》た。

犯行《はんこう》□《ぼう》止《し》のための□《ぼう》犯《はん》カメラ。

将来《しょうらい》の□《ゆめ》をみんなで語《かた》る。

□《ゆめ》のため、今《いま》は質素《しっそ》な生活《せいかつ》。

私《わたし》の□《ゆめ》は消《しょう》□《ぼう》士《し》。

月　　日

点／10点

93 旅費《りょひ》が少額《しょうがく》余《あま》った。

額 ガク ひたい

余 ヨ あまる

時間《じかん》が□《あま》り、□《よ》計《けい》な話《はなし》をした。

□《あま》り物《もの》で作《つく》った料理《りょうり》は□《よ》分《ぶん》。

積《つ》み立《た》て□《がく》が少《すこ》し□《よ》計《けい》にある。

□《よ》力《りょく》を残《のこ》して完走《かんそう》する。

まだ考《かんが》える□《よ》地《ち》がある。

旅費《りょひ》が少《しょう》□《がく》□《あま》った。

月　日

点／10点

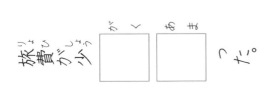

94 武《ぶ》士《し》が戦《たたか》う。

武 ム ブ

士 シ

□《ぶ》将《しょう》が□《し》気《き》を上《あ》げる。

力《りき》□《し》が□《む》者《しゃ》ぶるいをする。

弁護《べんご》□《し》か運転《うんてん》□《し》になりたい。

□《む》者人形《しゃにんぎょう》をかざる。

連日《れんじつ》、□《ぶ》芸《げい》にはげむ。

□《ぶ》□《し》が戦《たたか》う。

月　日

点／10点

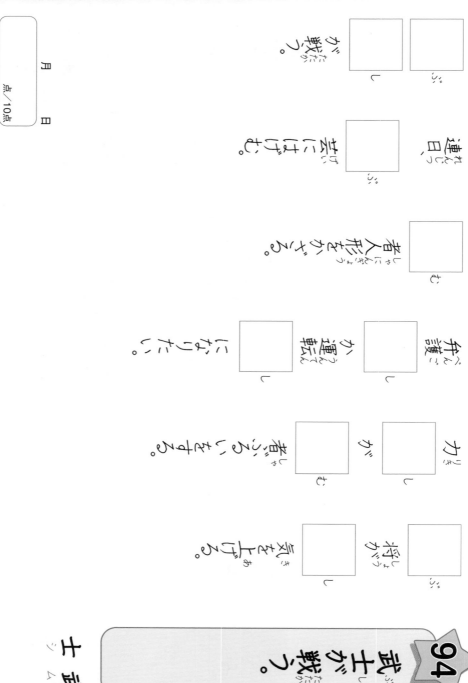

95 学《がく》費《ひ》を貯《ちょ》金《きん》から出《だ》す。

費《ヒ》 貯《チョ》

□《ちょ》金通帳《きんつうちょう》に会《かい》□《ひ》が入《はい》る。

□《ちょ》水池《すいち》の建設《けんせつ》□《ひ》用《よう》は高《たか》い。

□《ちょ》蔵《ぞう》した食《た》べ物《もの》を消《しょう》□《ひ》する。

□《ちょ》金箱《きんばこ》にお金《かね》を入《い》れる。

人件《じんけん》□《ひ》が高《たか》くついた。

学《がく》□《ひ》を□《ちょ》金《きん》から出《だ》す。

月　　日

点／10点

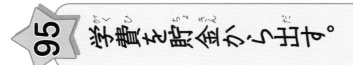

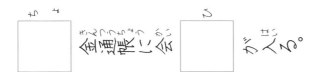

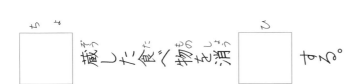

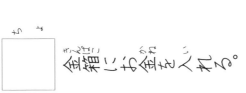

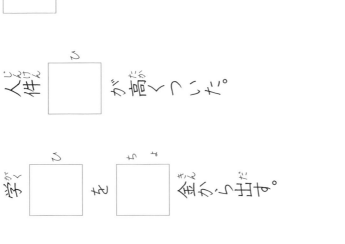

96 大《おお》型《がた》船《せん》が出《しゅっ》航《こう》した。

型 ケイ かた

航 コウ

小《こ》□《がた》船《せん》は欠《けっ》□《こう》している。

□《こう》空機《くうき》の模《も》□《けい》を作《つく》る。

新《しん》□《がた》□《こう》空機《くうき》が飛《と》ぶ。

日本《にほん》では血液《けつえき》がA《エー》□《がた》の人《ひと》が多《おお》い。

太平洋《たいへいよう》を□《こう》海《かい》する。

大《おお》□《がた》船《せん》が出《しゅっ》□《こう》した。

月　日

点／10点

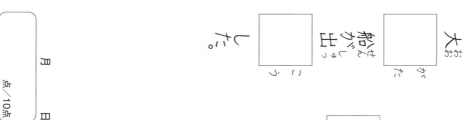

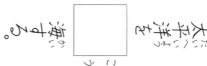

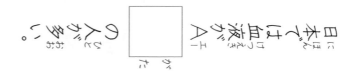

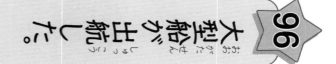

97 宇宙旅行《うちゅうりょこう》は可能《かのう》だ。

可《カ》
能《ノウ》

実行《じっこう》□《か》□《のう》な案《あん》を出《だ》す。

優勝《ゆうしょう》の□《か》□《のう》性《せい》を追求《ついきゅう》する。

才《さい》□《のう》が認《みと》められ、入学許《にゅうがくきょ》□《か》。

運動《うんどう》□《のう》力《りょく》にすぐれた人《ひと》。

□《のう》率的《りつてき》に勉強《べんきょう》する。

宇宙旅行《うちゅうりょこう》は□《か》□《のう》だ。

月　　日

点／10点

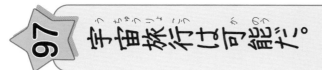

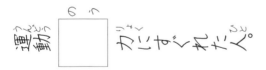

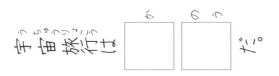

98 周《しゅう》囲《い》にバス停《てい》がない。

囲　イ　かこむ　かこう

停　テイ

1. □《かこ》いの中《なか》に□《てい》車《しゃ》する。
2. 車《くるま》を包《ほう》□《い》して□《てい》車《しゃ》させる。
3. □《てい》留所《りゅうじょ》をロープで取《と》り□《かこ》む。
4. 胸《きょう》□《い》を測定《そくてい》する。
5. 各駅《かくえき》□《てい》車《しゃ》の電車《でんしゃ》に乗《の》る。
6. 周《しゅう》□《い》にバス□《てい》がない。

月　日

点／10点

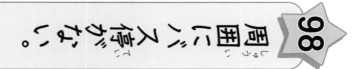

99 食堂《しょくどう》で得《とく》意料理《いりょうり》を作《つく》る。

堂 ドウ

得 トク える

□《どう》どうめぐりの話《はなし》には納《なっ》□《とく》できない。

□《とく》点《てん》を広《ひろ》げ□《どう》どうの勝利《しょうり》。

正《せい》せい□《どう》どうとお金《かね》を□《え》る。

国会議事《こっかいぎじ》□《どう》が見《み》える。

早起《はやお》きは三文《さんもん》の□《とく》。

食《しょく》□《どう》で□《とく》意料理《いりょうり》を作《つく》る。

月　日

点／10点

100 紀《き》元《げん》前《ぜん》の葉《よう》脈《みゃく》の化《か》石《せき》。

紀　キ
脈　ミャク

山《さん》□《みゃく》を歩《ある》いた□《き》行《こう》文《ぶん》を書《か》く。

風《ふう》□《き》委《い》員《いん》を務《つと》める。

□《みゃく》はくを測《はか》る。

十《じっ》世《せい》□《き》の□《き》行《こう》文《ぶん》の文《ぶん》□《みゃく》。

血《けっ》管《かん》には動《どう》脈《みゃく》と静《じょう》□《みゃく》がある。

□《き》元《げん》前《ぜん》の葉《よう》□《みゃく》の化《か》石《せき》。

最後まで集中してがんばりました。さすがだね！

月　　日

点／10点

5年生で習う漢字　193字

※は特別な読み、（　）は中学、〈　〉は高校で習います。

ア

漢字	読み
圧	アツ
囲	イ　かこ-む　かこ-う
移	イ　うつ-る
因	イン
永	エイ　なが-い
営	エイ　いとな-む
衛	エイ
易	エキ　イ　やさ-しい
益	エキ
液	エキ
演	エン
応	オウ　こた-える
往	オウ
桜	〈オウ〉　さくら

カ

漢字	読み
可	カ
仮	カ　かり
価	カ

カ

河 カ かわ

過 カ す-ぎる す-ごす

快 カイ こころよ-い

解 カイ と-く と-ける

格 カク

確 カク たし-か たし-かめる

額 ガク ひたい

刊 カン

幹 カン みき

慣 カン な-れる

カ

眼 ガン

紀 キ

基 キ

寄 キ よ-る よ-せる

規 キ

喜 キ よろこ-ぶ

技 ギ

義 ギ

逆 ギャク さか さか-らう

久 キュウ ひさ-しい

カ

漢字	読み
旧	キュウ
救	キュウ すく-う
居	キョ い-る
許	キョ ゆる-す
境	キョウ さかい
均	キン
禁	キン
句	ク
型	ケイ かた
経	ケイ へ-る
潔	ケツ

カ

漢字	読み
件	ケン
険	ケン けわ-しい
検	ケン
限	ゲン かぎ-る
現	ゲン あらわ-れる あらわ-す
減	ゲン へ-る
故	コ
個	コ
護	ゴ
効	コウ き-く
厚	(コウ) あつ-い

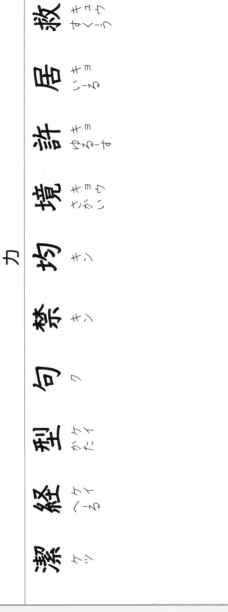

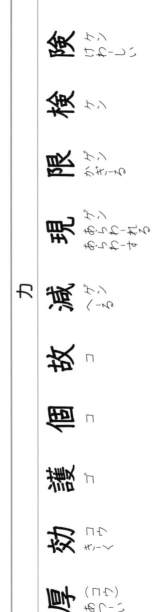

カ

漢字	読み
航	コウ
耕	コウ　たが-やす
鉱	コウ
構	コウ　かま-える
興	コウ　キョウ
講	コウ
告	コク　つ-げる
混	コン　ま-ざる　ま-ぜる　こ-む

サ

漢字	読み
査	サ
再	サイ　※サ　ふたた-び

サ

漢字	読み
災	サイ
妻	サイ　つま
採	サイ　と-る
際	サイ
在	ザイ　あ-る
財	ザイ
罪	ザイ　つみ
殺	サツ　〈サイ〉　〈セツ〉　ころ-す
雑	ザツ　ゾウ
酸	サン

サ

賛 サン
士 シ
支 シ ささ-える
史 シ
志 シ こころざ-す こころざし
枝 〈シ〉 えだ
師 シ
資 シ
飼 シ か-う
示 ジ しめ-す
似 (ジ) に-る

サ

識 シキ
質 シツ
舎 シャ
謝 シャ
授 ジュ
修 シュウ おさ-める
述 ジュツ の-べる
術 ジュツ
準 ジュン
序 ジョ
招 ショウ まね-く

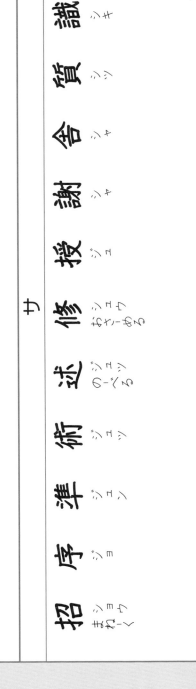

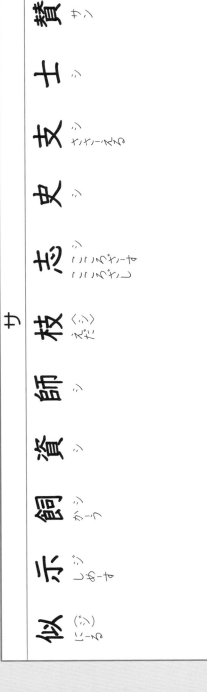

サ

漢字	読み
性	セイ
制	セイ
職	ショク
織	(ショク) シキ お-る
情	ジョウ なさ-け
常	ジョウ つね
状	ジョウ
条	ジョウ
賞	ショウ
象	ショウ ゾウ
証	ショウ

サ

漢字	読み
祖	ソ
絶	ゼツ た-える た-つ
設	セツ もう-ける
接	セツ
績	セキ
責	セキ せ-める
税	ゼイ
製	セイ
精	セイ
勢	セイ いきお-い
政	セイ

サ

- 素 ソ
- 総 ソウ
- 造 ゾウ　つく-る
- 像 ゾウ
- 増 ゾウ　ま-す　ふ-える
- 則 ソク
- 測 ソク　はか-る
- 属 ゾク
- 率 (ソツ)　リツ　ひき-いる
- 損 ソン

タ

- 貸 (タイ)　か-す
- 態 タイ
- 団 ダン
- 断 ダン　ことわ-る
- 築 チク　きず-く
- 貯 チョ
- 張 チョウ　は-る
- 停 テイ
- 提 テイ
- 程 テイ
- 適 テキ

タ

統　トウ
堂　ドウ
銅　ドウ
導　ドウ　みちびーく
得　トク　える　(うる)
毒　ドク
独　ドク　ひとーり

ナ

任　ニン　まかーせる　まかーす
燃　ネン　もーえる　もーやす
能　ノウ

ハ

破　ハ　やぶーる
犯　ハン
判　ハン　バン
版　ハン
比　ヒ　くらーべる
肥　ヒ　こーえる　こえ　こーやす
非　ヒ
費　ヒ　(ついーやす)　(ついーえる)
備　ビ　そなーえる
評　ヒョウ

ハ		
保	ホ	たも-つ
弁	ベン	
編	ヘン	あ-む
粉	フン	こ、こな
仏	ブツ	ほとけ
複	フク	
復	フク	
武	ブ、ム	
婦	フ	
布	フ	ぬの
貧	ビン	まず-しい

マ		
綿	メン	わた
迷	(メイ)	まよ-う
夢	ム	ゆめ
務	ム	つと-める
脈	ミャク	

ハ		
暴	ボウ	あば-れる
貿	ボウ	
防	ボウ	ふせ-ぐ
豊	ホウ	ゆた-か
報	ホウ	
墓	ボ	はか

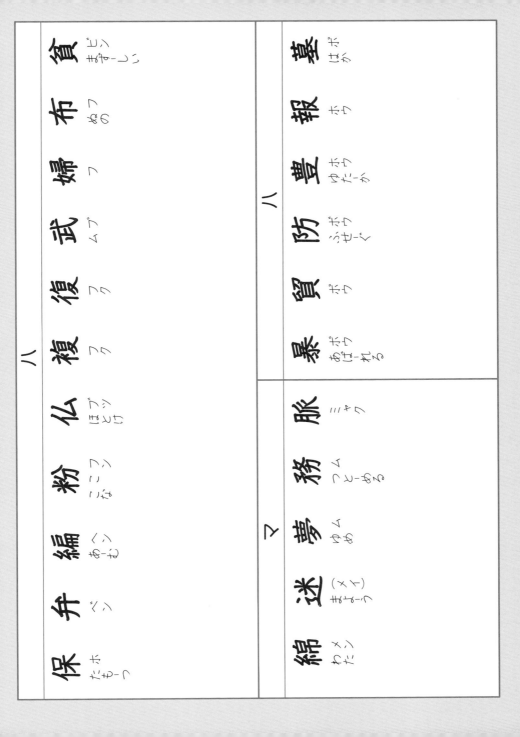

ヤ

輸 ユ

余 ヨ あま-る

容 ヨウ

ラ

略 リャク

留 リュウ ※ル と-める と-まる

領 リョウ

歴 レキ

特別な読み方

反応 はんのう

迷子 まいご

眼鏡 めがね

学習の記録

	学習した漢字	点数
1	師・招	
2	貿・易	
3	制・限	
4	義・務	
5	銅・像	
6	略・効	
7	綿・織	
8	破・損	
9	潔・衛	
10	績・興	
11	輸・備	
12	状・態	
13	婦・編	
14	燃・液	
15	圧・過	
16	仮・移	
17	永・久	
18	経・営	
19	往・復	
20	複・雑	
21	許・可	
22	益・因	
23	価・格	
24	演・技	
25	質・応	

	学習した漢字	点数
26	桜・幹	
27	象・救	
28	河・採	
29	旧・故	
30	判・断	
31	序・解	
32	確・報	
33	額・張	
34	慣・刊	
35	眼・検	
36	基・準	
37	護・寄	
38	規・罪	
39	逆・迷	
40	妻・居	
41	禁・境	
42	肥・均	
43	句・絶	
44	粉・告	
45	保・留	
46	快・件	
47	災・険	
48	犯・現	
49	増・減	
50	個・支	

	学習した漢字	点数
51	常・識	
52	責・任	
53	講・厚	
54	祖・耕	
55	鉱・精	
56	構・造	
57	授・混	
58	査・再	
59	際・提	
60	財・在	
61	酸・素	
62	情・賛	
63	統・志	
64	政・資	
65	舎・飼	
66	述・示	
67	術・謝	
68	枝・職	
69	似・築	
70	仏・修	
71	毒・殺	
72	歴・史	
73	税・条	
74	性・導	
75	賞・喜	
76	製・接	
77	団・設	
78	貸・証	
79	勢・布	
80	総・則	
81	容・測	
82	燃・防	
83	版・属	
84	能・率	
85	領・独	
86	程・比	
87	適・評	
88	貧・豊	
89	非・暴	
90	確・険	
91	墓・弁	
92	夢・防	
93	額・余	
94	武・士	
95	費・貯	
96	型・航	
97	可・能	
98	囲・停	
99	堂・得	
100	紀・脈	